Daydream with the Smiles

漢克、克莉絲汀 著

白日夢旅行趣

環遊世界 35 國的奇蹟旅程

CONTENTS

出走，只需要一股勇氣　　　　　　　006
世界任我行　　　　　　　　　　　　008
啟程，往未知的世界出發　　　　　　024

初走陌生的俄語世界

絲路帝國的古往今昔──烏茲別克　　　　　　030
在伊賽克湖畔遇見天山──吉爾吉斯　　　　　036
讓我們當兩天的遊牧民族──吉爾吉斯頌湖　040
搖滾向南──穿越吉爾吉斯　　　　　　　　　044
既熟悉又陌生的菜系──中亞　　　　　　　　049
西伯利亞鐵路的日常──俄羅斯　　　　　　　053
36小時西伯利亞鐵路終點──貝加爾湖畔伊爾庫茨克　056
千年修道院古國──亞美尼亞　　　　　　　　059

★私房旅遊攻略　　　　　　　　　　　　　　063

拉丁舞曲的慵懶序幕

甜點、魔法與扒手──葡萄牙　　　　　　　　　　073
吉他、石頭街道、白色的一千零一夜──西班牙格拉那達 077
等不到的公車──西班牙Espera　　　　　　　　　083

★私房旅遊攻略　　　　　　　　　　　　　　　　086

舞力全開的拉丁美洲主題曲

酒後微醺的探戈時光──阿根廷布宜諾斯艾利斯　　　091

好酒好肉好地方，Cafayate──阿根廷　　　095

一點都不高原的奇幻旅程──阿根廷西北高原　　　099

肉食者和酒鬼的天堂──阿根廷　　　104

讚嘆巴塔哥尼亞──智利×阿根廷　　　108

火山的祝福，安提瓜──瓜地馬拉　　　112

太平洋上的珍珠──復活節島Tapati慶典　　　115

外星異界阿塔卡馬──智利　　　119

追尋達爾文的足跡──厄瓜多加拉巴哥群島　　　123

的的喀喀湖畔，一湖兩樣情──玻利維亞×秘魯　　　126

親愛的，我們到了外太空──玻利維亞烏尤尼鹽湖　　　130

踏上千年印加古道──秘魯馬丘比丘　　　134

切格瓦拉的社會主義實驗──古巴　　　137

穿梭在熱帶叢林的馬雅文明──墨西哥×瓜地馬拉　　　143

在Corcovado國家公園遇上美洲獅──哥斯大黎加　　　146

西班牙文的學習續集　　　149

離開拉丁美洲　　　151

★私房旅遊攻略　　　153

CONTENTS

世界彼端，回流西亞中東

古波斯文明的曙光──伊朗 165

番紅花使用無極限的料理──伊朗 171

在極北遇上最大風暴──冰島 173

世上僅存的分裂首都尼古西亞Nicosia──賽普勒斯 176

看盡三千年愛恨情仇──耶路撒冷 180

偶遇在蜿蜒蛇道的盡頭──約旦佩特拉 185

帶著書報一起漂浮吧──約旦死海 189

★私房旅遊攻略 192

非洲啟程，意料之外

一場紫得難忘的夢──南法普羅旺斯 199

東非大草原的弱肉強食──坦尚尼亞×肯亞 202

在遙遠的非洲大地與妳重逢──馬拉威 207

在奈洛比看見最貧窮的角落──肯亞 211

差點去不成的阿迪斯阿貝巴──衣索比亞 214

尼羅河畔的金黃聖殿──埃及 217

★私房旅遊攻略 223

Chapter
06

旅程，沒有終點，再見南美洲

波哥大，顛覆想像──哥倫比亞　　　　　　　　　　　　232

八月初十五，狂歡無極限──秘魯阿雷基帕　　　　　　235

巧遇慶典歡愉時光，Chinchero──秘魯　　　　　　　238

高原，海洋，雨林──秘魯　　　　　　　　　　　　　241

和食人魚的第一次親密接觸──秘魯Iquitos亞馬遜流域　247

是回家，而非過路──新加坡　　　　　　　　　　　　254

★私房旅遊攻略　　　　　　　　　　　　　　　　　　257

回家之後　　　　　　　　　　　　　　　　　　　　　262

出走，只需要一股勇氣

　　2016年初某個周末的下午，我和克莉絲汀慵懶坐在新加坡家中客廳，有一搭沒一搭的做著自己的事，順便嚷嚷著在這南國兩年來生活日復一日的平凡日常。

　　「你覺得我們要多久才能走完這世界啊？」我看著牆上朋友送的大幅刮刮卡世界地圖，突然對著克莉絲汀問道。

　　「誰知道呢？假設一年請假兩次出國，每年去兩個國家，那麼大概到我們60歲的時候可以走過一半左右的世界吧……不過這可是在我們沒有小孩要養的前提之下喔！」克莉絲汀慢條斯理地回答。

　　是阿！現階段的我們自由自在，沒房貸沒車貸沒小孩，只要平常縮衣節食，一年還可以出國兩次探索未知的世界。但以後呢？有了小孩和房貸的壓力之下，我們還能說走就走，不顧一切地闖蕩南美洲非洲等未知境地嗎？

　　記得我們倆幾年前結婚時，夢想就是要攜手一起走遍世界，而當現實生活的壓力逐漸侵蝕我們，美夢成真的機會似乎也越來越渺茫，也許，最後我們只能等到白髮蒼蒼，孩子長大成人時，才能帶著半老的軀體，去些不怎麼費力的歐美紐澳等先進國家吧……

　　「不如我們一起辭掉工作，環遊世界去吧？」我嘴裡迸出的這句
話嚇了克莉絲汀一跳，但她看著我認真的眼神，又似乎意會了我背後
的思慮。

　　「好，我跟你一起去。」

　　出走，不需要太多理由，只需要一股勇氣。

世界任我行

▌我們的夢想？

原以為下定決心辭職出走是最困難的事，但真的做了決定之後發現要「怎麼走」才是真正困難的事。

世界之大，我們到底要往哪邊走？

「一直移動旅行的生活好累，不如我們選12個城市，一個城市生活一個月如何？」連旅程都還沒展開，克莉絲汀就已開始想像旅途的疲憊，如此建議道。

「那怎麼可以？我們辭職旅行的目的不就是為了可以趁機走遍更多地方？要如你所說的我們不就頂多只能去12個國家？」我激動地反問。

「可是一個地方停留久一點，一來可以學習當地語言，二來也才可以深入在地生活呀！」

「喔……」我一方面覺得克莉絲汀說得有理，但又夢想著能一次去遍我所夢想的南美非洲各國，一時之間也不知如何是好。

「不如我們各自列下自己的五大夢想清單，再來組合行程，這樣夠公平吧？」克莉絲汀說。

克莉絲汀　夢想清單	漢克　夢想清單
1. 法國住兩個月學法文。	1. 中亞絲路探索。
2. 東非大草原看動物大遷徙。	2. 西伯利亞鐵路大縱走。
3. 爬超過三千公尺的高山。	3. 西班牙料理廚藝學校＋語言學校。
4. 布宜諾斯艾利斯跳探戈。	4. 看遍世界文明遺跡。
5. 到偏遠地區做志工。	5. 南美秘境：復活節島及加拉巴哥群島。

有了夢想清單，我們的大旅行計畫初版就於焉誕生：

台灣→中亞絲路→西伯利亞鐵路→俄羅斯→高加索
　　→西班牙學藝→中南美洲大縱走→西亞中東古文明
　　→法國學法文→非洲看動物做志工

　　兩人的旅程，就是一個夢想組合的過程。一起寫下心中嚮往的所有，再經由準備期間的互相激盪、淬鍊，慢慢逐漸形塑出具體的雛型。

　　這是我們一起建築的夢想，而不單只是你的，或是我的一廂情願。

　　也許，路途中的許多變數及驚喜，會改變最初夢想的旅程，但最重要且不曾改變的，是我倆一路同行圓夢的初衷。

▎來一場隨心所欲的旅行

　　一直以來，我總是熱愛旅行交通的規劃及安排，尤其是對於搭飛機這事更是情有獨鍾。自從18歲第一次搭機到紐西蘭，飛上天空所帶給我的悸動就不曾停過，而進出機場就彷彿進入任意門般，帶我穿越不同文化及時空。

　　這個獨特的嗜好在這次環球旅行恰好派上用場。由於克莉絲汀天生是個超級暈車咖，對於搭船、搭長途巴士及山路交通敬而遠之，因此，我在旅行之初就承諾她，除非萬分不得已，要不然只要是五小時以上的車程，或是搭船的行程，一律就以飛機代替。

　　但頭痛的問題來了：為了實現夢想的旅行目的及符合簽證限制，我

們倆的旅行路徑不只是橫跨五大洲，更是任性至極–跳過中東西亞直奔
阿根廷就因為簽證快過期、繞地球第兩圈就為了二訪秘魯、為了學習西
班牙文從智利南端跑到中美洲瓜地馬拉之後又回智利等等，不一而足。
就這樣，一年下來我們總共搭了91次飛機，飛了將近二十萬公里，十足
的「空中飛人」。

1. 初走陌生的俄語世界

俄羅斯
[洋蔥頭教堂]

西伯利亞
[鐵路X貝加爾湖]

4.回流西亞中東
亞美尼亞
[千年修道院]

烏茲別克
[絲路風情]

吉爾吉斯
[天山]

韓國[轉機]

日本
[京都療癒之旅]

西班牙
a! 學西文

賽浦勒斯
耶路撒冷
埃及　約旦
[金字塔] [佩特拉]

土耳其轉機

伊朗

卡達

台灣

5. 非洲啟程！

衣索匹亞

坦尚尼亞&肯亞
[動物大遷徒]

新加坡
[第二個家]

馬拉威

主題曲

繪圖：Rosanne

你一定會覺得，我們的機票花費肯定爆棚對吧？

其實不然，只要計畫妥當，並搭配各項訂機票的技巧，其實是可能用便宜的價格舒舒服服地旅行的。我們倆一人的機票花費總共30萬左右，若以91段飛機計算，平均一段機票才3000元台幣左右呢（其中甚至還包含數段商務艙的小確幸）！

所以就環球旅行而言，究竟該如何組合機票呢？讓我來跟大家分享一些小訣竅：

環球機票：這在許多環球旅遊書都有提及，總共有分三大聯盟所提供的選擇（寰宇一家OneWorld、星空聯盟Star Alliance、天合聯盟SkyTeam）。這種機票雖然看似簡單，但其實規則限制相當多，且某特定聯盟在有些地理區域航班選擇極少，並不見得方便。若真要購買這種機票，建議將航段使用在跨洲或短程但較昂貴的航程上。

里程機票：相信大家都有聽過信用卡里程兌換免費機票的好康，而實際上在規劃環球旅行的準備過程中，我還真是把以前工作時所積累的各家航空哩程都給用上了。先是用亞洲萬里通兌換了我們倆一整年所有跨洲的機票，然後再用其他各家航空哩程兌換中短程但昂貴的機票（比方說南美洲內、前往加拉巴哥群島、及歐洲到坦尚尼亞的航段）。這種機票的優點是若使用得當，可以用非常優惠的價格買到機票：我們旅程中其中一段從南美南端智利飛奔到哥倫比亞的旅程，若直接買票一個人得花20000買經濟艙機票，但我們使用哩程兌換只花了等同於台幣8500就訂到商務艙機票，如此好康，何樂不為。

直接買票：其實現在機票促銷五花八門，不見得一定要搭乘廉價航空，有時候傳統航空也會有驚人的促銷。在環球旅程中，說實在直接買票是最容易的方式，但是要怎樣才能買得便宜，就得要一點運氣加上一些技巧了：

（1）促銷機票：有些航空公司對新航線，或是超級早鳥購票會有極高的折扣。比如說墨西哥航空常有從韓國首爾出發到南美洲低於20000的機票，而我們整段環球旅程提前一年購買的復活節島商務艙促銷機票，甚至還比經濟艙便宜。

（2）彈性旅程：其實機票不一定飛越遠越貴，而是以需求供給及競

爭多寡決定。所以若是你的旅程總是可以選擇機票便宜的地點
做為下一站，加上時間彈性，最後可以節省下來的旅費將非常
驚人，且不需要拘泥於地理距離遠近依序前進。

（3）熟悉機票規則：機票的定價規則五花八門，有時候非常有趣。
比如說從某些特定地點出發的機票特別便宜－巴西里約熱內
盧、南非開普敦、埃及開羅等等，若有機會從這些地點離開，
就可以買到極便宜的機票。另外，單程機票大部分非常貴，
尤其是在南美洲有時候單程機票還比來回貴，所以若在計畫
單向的行程時可能可以搭配環球機票或哩程機票，要不然荷
包就要大失血了。

（4）發揮創意：有時候組合機票是門藝術，比方說從歐洲前往
非洲途中若是在伊斯坦堡轉機，可以加入一個月的中停
（Stopover），然後再以伊斯坦堡為軸心探索中東西亞。另
外，許多航空公司的網站會有多目地機票查詢，這個功能不
但能讓你的路線更加彈性，而且有時候還會因為航空公司的
區域定價規則，讓票價出現驚喜呢！

　　說了這麼多怎麼訂機票的訣竅，但其實每個人對於交通方式的偏
好不同，有人喜歡以緩慢的步調搭乘陸路交通，才能體會到最在地的風
情；有人鍾愛以搭便車的方式旅行，省錢之餘更能交到朋友；而我們
則是因為對於長途陸路交通忍受度低，所以只能鑽研各種搭飛機省錢
的方式。

　　世界任我行，而如何「行」並沒有絕對的對錯，端視個人的預算及
選擇，重要的只是要能隨心所欲，來一場你夢想中的旅行。

▌世界就是我家

　　為期一年的旅行，不比短期的度假行程，只要打開電腦訂房網站，
隨便點點下定喜歡的飯店那麼簡單。有限的預算、旅行的地點及人數、

時間的長短、預定的彈性、可接受的交通便利程度、住宿處的設施需求等等因素，皆會影響到旅程中的住宿安排，如何找到能符合自己偏好的住宿，儼然是一道道難解的線性規劃數學題，等待著我們去解答。

　　幸運的是我和克莉絲汀一道同行，讓我們除了青年旅館單人床之外還多了許多民宿Guesthouse雙人房的選擇，不僅在早出晚歸的行程中比較方便，也省去了與陌生人同房所必須擔心的財務安全問題。以下列出我們選擇住宿的主要因素，供大家參考：

因素	選擇標準	優劣分析
預算	平均一個晚上兩個人預算900元台幣左右，當然若是物價較高的城市花費會較高，但相對在物價便宜的停留點就必須花少一點來平衡。	無所優劣，預算全憑自己決定，若您對住宿總體要求較高，相對就必須付較高的價格來達成要求。
交通便利度	懶人兩枚，因為我有大背包，所以距大眾交通運輸走路不可超過15分。	交通較便利處當然住宿價格相對較高，但生活機能也較好；而離鬧區較遠處則可能可以找到物超所值的住宿，若只是旅行疲累時純休息，找個這樣的地方賴著倒也是不錯，也許還可以親近當地居民的生活。
停留時間長短	少於2天：交通方便的旅館、青旅或民宿。 2-5天：可以開伙的民宿雙人房。 大於5天：兩人小公寓（附廚房）。	停留時間越短，逛景點的時間少，所以相對來說交通方便的住宿點較適合；而時間越長，通常除了景點觀光外更想要體驗生活，也不可能每天外食，所以附廚房的兩人住宿空間就成為了我們的首選。
清潔度	房間設施擺飾可以非常簡單，但清潔的環境是克莉絲汀的最重要標準。	其實清潔度跟住宿價格沒有直接關係，全看住宿管理者的努力而定，所以訂房之前，我們都會在訂房網站看評論，再三確認。
停留目的	景點觀光：交通方便最重要。 體驗生活：可以與主人或當地人有交流機會的民宿或青年旅宿。 學習語言：學校提供的homestay。 休息充電：兩人小公寓（附廚房）。	隨停留目的不同，為達成目的的首要選擇因素便不同，這個沒有好壞，純粹按照個人偏好的型態而定。

預定與否	較為保守，通常半個月到一個月前預訂住宿，避免又累又餓時要挨家挨戶找住宿。	預先訂住宿可能會降低行程的彈性，且價格較固定，但較穩當不會有找不到喜歡住宿的風險；反之若到當地再直接找住宿，可能可以拿到last minute的好價格，畢竟房間空著也是空著，但此作法也有找不到合適住宿的風險，尤其很晚抵達新的城市時更不適合。
預定彈性	為保留行程變更彈性，大部分會在訂房網站上預訂數日前（甚至當日）可免費取消的住宿。	通常不可取消的房間比較便宜，但相對的就必須在行程彈性上做出妥協。
設施需求	可接受多人共用衛浴，但充足的熱水及設備齊全的廚房我們最重要的標準。	依個人需求而定，有人無法接受與他人共用衛浴，有人一定要有很棒的交誼廳交朋友，而我和克莉絲汀則是希望有好廚房，可以在思鄉時做些台灣料理祭祭自己的五臟廟。

　　拉哩拉雜的說了這麼多，其實只是想說，住宿的選擇端視個人的喜好，沒有一套四海皆準的模式，感覺對了，就訂了吧。反正一年的旅行時間，住宿總會有好有壞，遇到好住宿的時候固然開心，而遇到糟糕住宿時換個角度想就是增加我們適應力的磨練。

　　至於我們旅行期間最常拿來訂房的工具，不外乎就是大家所熟悉的Booking.com、Hotels.com、及Airbnb等訂房網站，各有其優缺點：

網站	優點	缺點
Booking.com	房源多、介面操作最容易且直觀，找住宿時地圖模式搭配各種篩選條件可以讓你輕鬆找到適合條件的住宿。	回饋率較低，特定住宿會對會員提供較優惠的價格。
Hotels.com	回饋率高，會員可以住10晚送1晚。	民宿選擇較少、因回饋率高有時價格也較高、介面不如booking.com來的好用。
Airbnb	在物價較高的地點或住宿期間較長時可以壓低花費，且更容易親近當地人的生活並認識新朋友。	與民宿主聯絡有時並不容易，要有當地電話較好，且民宿品質參差不齊有時會與期待有所出入。

　　我們的住宿線性規劃數學題就是在這三個網站，還有所有選擇因素中求解，但唯一讓我後悔的事，是當時不知道有所謂的「返利網」（Cashback，Topcashback，Mrrebates等），若我當時透過這些網站的連結在Booking.com上訂房，一年下來竟可以多拿到15000台幣左右的現金回饋，不無小補。

　　精通聰明訂房之道，不僅讓我們在這漫長的旅程中住得經濟實惠、住得開心，也讓我們把世界當成自己的家，住得輕鬆自在。

▌親愛的，我們還有多少預算？

　　好不容易存到一定金額才得以出發的旅程，原本計畫一年的壯遊，如果到了一半就發現錢不夠用而要提前返國，那就窘大了。尤其我和克莉絲汀協議好我們要專心體驗這趟旅程，並沒有打算邊旅遊邊賺外快，因此如何在毫無收入只有支出的狀況下制定出可行的預算，並控制花費，就成了首要課題。

　　過去在歐洲一起交換學生時我倆已經體驗過1個月在南歐旅行兩人只花七萬元（包含機票）的超級拮据背包客行程，因此，在這趟環球旅程啟程我們就將其定義成稍稍不同的「小資旅行」，亦即在該節省的花費上節省，但在必要生活及文化體驗的重點行程上則該花則花，務求這一生一次的難忘記憶不會因為為了省幾塊錢而打了折。

　　當然，每個人的旅行預算多寡各異，而預算的項目金額分配更因個人偏好而天差地遠，但預算管理的原則倒是大同小異。

1. 依旅程長短及財力制定出旅行總預算。
2. 列出對你來說有控管意義的花費項目（交通、食物等，或是將食物細分為外食、自煮）。
3. 依照偏好程度多分配預算給覺得重要的項目，再將剩餘預算合理分配到其他項目。
4. 勤加紀錄實際花費，並定期追蹤花費佔總預算比例是否超支。
5. 依追蹤結果修正花費習慣（比如說交通花費超支就減少移動次

數，延長在一地的停留時間並體驗在地生活）。

我們倆天生就是吃貨，在國外旅行無法啃啃乾糧或三明治過日，總要到當地市場買足食材，自己烹煮好好的一餐犒勞疲累的身軀才肯罷休，因此在食物花費上就無法節省太多；而另外語言學習及烹飪課程在我們一年的旅程中也是重點目標，當然也就另外保留了特別預算給這些項目。

「今天花了哪些錢？」這是一年來我們睡前坐在床頭日復一日的對話，為了就是確保不只行程可以順利進行，更要避免超支導致行程結束後沒有足夠的餘裕支撐到找到下一份工作。

不管是啟程前、旅程中、或是回家後，家人朋友們的一千零一問就是總共花多少錢，一直含糊其辭的我們就在這裡公布啦！也剛好趁這個機會來順便分享我們預算控管的表格：

經過時間比例	98.4%			（新台幣）
花費項目	迄今開銷	預算	佔預算比例	日平均花費
住宿	324,980	328,500	98.9%	905
交通	212,921	219,000	97.2%	593
食物	225,535	219,000	103.0%	628
水	5,373	5,840	92.0%	15
咖啡	7,563	8,030	94.2%	21
甜點	4,684	5,110	91.7%	13
酒類飲料	3,657	4,015	91.1%	10
雜貨	15,425	16,425	93.9%	43
觀光票券	44,183	44,895	98.4%	123
社交活動	14,001	14,500	96.6%	39
保險	73,767	75,000	98.4%	205
電話通訊	12,505	12,775	97.9%	35
紀念品	6,061	5,500	110.2%	17
當地旅行團	63,449	60,000	105.7%	177
平日開銷	1,014,104	1,018,590	99.6%	2,825
機票	600,037	600,000		
簽證費	97,249	97,249		
特殊行程	107,485	107,980		
行前準備	60,000	60,000		
總支出	1,878,875	1,883,818		
特殊預算				
東非獵遊	139,531	139,531		
課程學習	73,772	70,000		
全部花費	2,092,178	2,093,349		

　　兩人一年的全部花費共210萬台幣左右，若是扣掉特殊較昂貴的課程及行程、行前準備及簽證等，包含機票的花費約在160萬左右，等於一年中每天花不到3000台幣就可以讓我們任意生活在全世界三十幾個國家，仔細算算，這旅行可是比待在新加坡的生活便宜多了啊！

▌潔癖女的打包清單

　　我把自己定位成「中級班」旅者，雖然無法像一些厲害的背包客忍受極致艱苦的環境，但我可以住在簡陋的屋子、和當地人擠在滿滿的小巴、或是幾天不洗澡。朋友們都知道我很潔癖，我也沒想到旅行期間竟能漸漸放棄原本的生活方式，學習在以前無法忍受的地方苦中作樂。放下過去的習慣是旅行的第一步，再來要停止抱怨，最後才能享受當下。現在我可以驕傲地跟大家分享潔癖女孩環遊世界的詳細打包清單和心得，有了這些真的什麼都不用怕了！

　　克莉絲汀：17公斤的行李和7公斤的小背包。
　　漢克：10公斤的大背包和7公斤的小背包。

衣物類

褲子：防水雪褲、保暖衛生褲、牛仔褲、睡褲、短褲、休閒長褲×2。

上衣：保暖中層衣、長袖排汗衣、發熱衛生衣（厚薄各1）、睡衣、短袖T恤×3。

其他：內衣褲×4、厚薄襪子×5、泳衣、手套、脖圍、毛帽、圍巾、遮陽帽。

外套：羽絨衣、稍微刷毛外套、防曬外套。

鞋子：登山鞋、涼鞋、拖鞋。

碎念：1.以上裝備可以自由穿梭於四季，最冷時只要穿上衛生褲＋雪褲、衛生衣＋中層衣＋羽絨外套就無敵了！回到家已經把這幾件衣服封起來，暫時不想再穿啊！

　　　　2.夏天裝備務必以快乾為主，畢竟所有衣服我都是每天用心的手洗，實在不敢再回想這辛苦的浣娘日子。

衛生用品類

快乾毛巾：海上活動或有時候住宿沒有提供毛巾時會用到。

眼鏡 & 隱形眼鏡：我準備了40個日拋，因為平時都戴眼鏡為主。

小包衛生紙 & 濕紙巾：先帶個3包，之後各國超市都可買。

指甲刀：誰不剪指甲！

盥洗用具：旅用洗髮精、肥皂、潤髮乳、沐浴球、髮夾、牙刷牙膏牙線、梳子。

輕便餐具組：叉子刀子湯匙，登山時必備，房間吃泡麵也好用。

眼罩耳塞：帶一份，住在宿舍房的時候會很感恩有這兩個東西。

女性衛生棉：我帶了3包，真的佔空間但不習慣用其他牌子，之後和親友碰面2次都有補充。其實各國超市都有賣，只是牌子不同。

綁頭髮的髮帶

碎念：這些都是長期旅行必備，消費性產品容易買，只是價格不同。

保養品和藥品類

保養品：卸妝乳、洗面乳、化妝水、乳液、防曬乳、身體乳、眼霜、護唇膏。

藥品：腸胃止瀉藥、胃藥、綜合感冒藥、口罩、退燒藥、酒精棉片、OK蹦、眼藥膏、皮膚過敏軟膏、高山症的藥、暈車藥。

碎念：1. 保養品清單完全是依照個人來攜帶，大部分東西其實在機場免稅或是城市的藥妝店都可以買到，唯一最難買的竟是洗面乳！我在西班牙勉強找到一個類似的但味道很怪，最後只好託親友帶給我。眼霜也是後來才請朋友帶，因為在南美洲時眼角乾到裂開。

2. 藥品首推腸胃藥，你永遠不知道甚麼時候會用到，但是出門在外絕對會碰到！旅行前三個月我常感冒，所以感冒藥也吃很多。有時候環境比較不好皮膚會發癢，過敏藥膏就很實用。至於口罩雖不常用，但碰到很臭的地方還是會需要的（像是我們在墨西哥一個機場過夜時，廁所水管爆裂，整個機場充滿屎味，這時就好開心有口罩。）

3. 依照個人身體狀況會需要攜帶不同的藥品，我們旅行前有掛台大醫院的旅遊門診，跟醫生討論行程和需要的藥，疫苗也可以順便一起打，而瘧疾的藥我們沒有帶，因為醫生說我們在疫區進進出出，很難算吃藥的日程，就乾脆算了。

電子產品類

筆電、相機、手機、行動電源、隨身碟、記憶卡、萬用轉接插頭、各種充電器。

碎念：電子產品真的滿重的，而且都得放隨身背包，加上我們要自己用一台筆電所以行李更重，相機也是各自一台（完全無法分享的兩個人）。照片可以放入隨身碟，保險起見也可以上傳雲端。

重要文件類

文件：護照身分證簽證都影印幾份帶在身上，大頭照也是，申請落地簽可能用到。

財務方面：現金分散放，但不要放太多地方以致自己都忘記了。我們有帶隨身腰包但是沒有用到，通常只把今天需要的現金放在口袋，褲子有另縫暗袋，可以放錢和信用卡。信用卡帶2-3張，提款卡一張，通常提款卡的帳戶裡面不要放錢，需要提錢的時候在把錢轉過去以防盜錄。

碎念：這些是最重要的東西，就算放在房間裡也最好鎖起來。

其他類

防蚊液：為了南美洲瘧疾必備，要買含成分DEET 20-30%的防蚊液，雖然我們噴了但在熱帶雨林還是被叮，但有噴還是比沒有好！帶了兩瓶但第一瓶都沒用光。

太陽眼鏡：沙漠和炎熱地區必備，太陽大到眼睛真的會睜不開啊！

鋼杯 & 220v電湯匙：平時占空間但需要時又覺得有它真好！使用時機：在昂貴的冰島和卡達沒廚房的住宿，用它們在房間泡泡麵覺得溫暖又省錢。ps. 電湯匙一定要小心用。

曬衣繩：心目中最實用的top3，常常沒有曬衣服的地方就只能在房間裡努力找鉤子掛上曬衣繩曬衣服。

吹風機：很多人可以不吹頭髮，但我不行。帶了一組無印良品的旅行用吹風機，可以轉換電壓110／220v，輕巧又好用。這也是心目中最實用top3。

瑞士刀：關鍵時刻即可出馬，不多說就帶一個。這當然也是實用top3啦！

防水袋：水上活動時把重要東西都放在裡面。

鑰匙鎖：行李和背包最好在移動的時候都能上鎖。最好買TSA認證的鎖，因為在美國會被打開檢查，用這種鎖才不會被破壞。

日記本 & 鉛筆盒 & 書 & 便利貼：當文青時會派上用場！

塑膠袋 & 橡皮筋 & 密封袋：帶上幾個有時候會派上用場，像是自備三明治登山的時候，或是需要丟垃圾等等。

防水套：把行李和背包都可以套住的防水套，下雨天必備。

雨傘

熱水壺：只要有亞洲人的地方就會發現熱水壺。

頭燈：登山必備，有時候需要摸黑行動。

碎念：其他類的物品有些看似不需要，但總會在某些情況派上用場，這時就會覺得還是帶著它們好了！當然如果沒帶到的東西總是會有解決方法，只不過我有行李恐慌症，想把能帶的都帶著，所以就只能犧牲紀念品的空間了⋯⋯

　　而這些所有看似很長的清單，全部都可以塞進我的Deuter 25升背包和Osprey 75升拖輪子母包，我的背包是比較重的防震設計，放筆電比較保險。至於Osprey子母包真的非常好用，平時另一半就揹著15升的子包，另外60升拖輪行李就由我拖著走，它的輪子很堅固，若必要也有背帶可以背起來，雖然我們只背過一次哈哈！

　　因為核心肌群無力，沒辦法背大背包到處跑，所以拖了一個行李，除了少數比較難走的路段必須要提著，其實拖著行李旅行並沒甚麼不好，不僅背部輕鬆，整理行李也方便，只要不是大的硬殼行李，小巴士都可以塞得下，缺點就是坐飛機的話無論如何都得託運。

　　希望這個清單對大家有所幫助，讓我們一起擁抱世界的灰塵吧！

▍人生，就是一場冒險

旅行在外，安全最重要。不論是人人嚮往的歐洲還是大家口中危險的中東，遇到不如意的事情不見得是因為不小心，有時候不過是運氣不好罷了。

在烏茲別克薩馬爾罕我們遇見了一對至少有60歲的白髮夫婦，兩人揹著超大的背包在公車站等車，他們從年輕時旅行到現在，什麼都經歷過了。老太太對巴西印象最差，因為他們第一天就被拿刀的歹徒搶走背包，還在公車站看見一台全車的人都裸體的公車，原來是整車的人在路上所有東西包含衣服都被持槍歹徒拿走。

雖然人算不如天算，但我們還是可以多做些準備，至少降低危險發生的機率。

做功課很重要，別人的經驗談是最好的學習，了解哪些是危險的地區，晚上避開人少的巷弄。每到一個新地方，問問民宿老闆旅客該注意的事情，該避免的區域或行為，記住，當地人的提醒絕對是外國人最好的安全守則。

除此之外，我還會把當地的外交部緊急聯絡電話存在手機裡，並且告知親友我們的行程，不時報個平安。走在路上，隨時注意周遭的環境，重要物品最好都不離身，不要因為一時的鬆懈給了歹徒下手的機會。

我們把每件褲子都縫了暗袋，放一些錢、提款卡和信用卡。我還曾經為了分散風險，把錢放在鞋墊下，結果回到家發現鈔票被磨了一天差點破了呢！

回到安全的新加坡，曾經的防備心和被害妄想症都不見了，我把手機放桌邊，吃起了蝦麵。

啟程，往未知的世界出發

2016年9月9號，我和克莉絲汀起了個大早，只因為啟程的號角使我們徹夜難眠，而希冀火速上路的心情又令人心癢難耐。

我倆一肩扛起我們準備了一個月的全身裝備，我的行李前凸後翹，30公斤的重量讓我有些跟蹌，而克莉絲汀的滑輪行李袋加上背後前所未有的負重，也讓她還未出發就對我擠出了一絲苦笑。

「就請你好好照顧她了。」送我們下樓的岳父岳母對我說，言語中滿溢著不捨之情。

從台中一路輾轉北上桃園機場，中午時分我們搭上了OZ712韓亞航班機，準備從韓國首爾轉機停留數天，之後前往未知旅程的開端──烏茲別克首都塔什干。

飛機加速後推，一轉眼就飛離地面幾百呎，地面熟悉的景物逐漸縮小，而嶄新世界則越來越近。

縱使我和克莉絲汀過去十年來的人生更甚於孟母三遷，跨國遷移和搬家的次數一隻手已經無法數完，但說要整整一年完全不回台灣可還是第一遭。

　　我們倆緊握彼此的手，雖然對於未來未知的一年感到徬徨，但我們深信，毅然決然放下原本所擁有的一切，一圓一起走遍海角天涯的夢想，絕對會轉化成我倆這一生中最讓人難忘並永不懊悔的美好決定。

Chapter 01

／初走陌生的俄語世界

繪圖：Rosanne

中亞與俄羅斯，第一站。

　　會選擇這裡當作旅途的開端，一來是這些前蘇聯國家的簽證不但麻煩，申請成功後還必須限期入境，二來呢，是中亞這段中國古史中的絲路西域胡夷之地，有著太多引人遐想的美麗景物及文化，讓我自多年以前就心嚮往之。趁著這次遠途西行，時間還算充裕，決心抓緊機會拜訪古名花剌子模的烏茲別克、天山貫穿的吉爾吉斯、以及蘇武牧羊的北海－貝加爾湖。

　　自從大學時期與克莉絲汀到歐洲交換學生開啟了狂熱自助旅行的一扇窗以來，我們靠著一口英文征戰四方，一起走遍了歐洲、東南亞、摩洛哥和斯里蘭卡等地，這些旅遊業已開發的國家要找會講英文的人並不

難，但這趟環球旅程開頭的俄語區，卻是我們有史以來所遇到的最大挑戰－不僅沒有人會講英文，就連俄語書寫的西里爾字母，在我們看來也是一個頭兩個大。

但，生命總會找到出口。

想起在歐洲交換學生的時候，智慧手機還不普及，旅遊前總得做足功課，先把景點周遭的google地圖列印出來，迷路時拿著地圖詢問路人：「請問您知道我現在位置在哪嗎？」。而現今科技的發達讓我們不僅能隨時知道自己的位置，Google翻譯軟體更是成為我們最大的隨身法寶，不只即時影像掃描讓我們輕鬆在只有俄語菜單的餐廳點餐，語音翻譯更讓我們與新認識的朋友有一搭沒一搭的聊天，當然，最原始但卻最有用的還是肢體語言與笑容，能讓我們在這一片只有俄語通行的另一個世界，體驗到最原汁原味，不受世俗西方主流文化影響的人類文明另一面。

絲路帝國的古往今昔
——烏茲別克

　　騎著駱駝的商人奔波在沙漠中，交易於綠洲上——這是我們想像中的絲路。南美洲有切格瓦拉騎著摩托車的革命路線，這兒則有更古老的歐亞貿易路線。

　　我們踏出舒適圈的第一步，來到了同為亞洲的烏茲別克，揭開中亞的面紗。

　　這個與中國邊境比鄰的區域，對台灣來說地理距離其實不遠，但心理距離上卻似乎比歐洲還遙遠。也因為這樣的神祕，激起了我們探索這片土地的契機，進而有機會一窺這個風貌與其他亞洲區域完全迥異的文化異域。

　　換錢是每到一個國家的第一步驟。旅遊書上寫著在烏茲別克必須在黑市換錢，因為一般的銀行匯率很差。黑市，我腦中浮現哈利波特裡的斜角巷：「不會是那種黑暗神祕又混亂的巷子吧！去那裡換錢會不會危險啊……」好險是我多心了，原來黑市不是什麼可怕市場，只是民間私下換匯的機制。台灣的金融管制很嚴格，我以前以為換錢只有銀行這個途徑，去了許多國家之後，才發現除了民間換匯小店，還有黑市，甚至中南美洲許多人是直接站在馬路上拿著各種幣別跟人換錢，儼然成了移動換匯站。

　　從首都塔什干搭乘令人驚豔的高鐵抵達古都薩馬爾罕，才剛走出火車站就遇到此趟旅途的第一個重大挑戰－蜂擁而上的計程車司機加掮客把我們團團包圍，漫天喊價把書上說只要3000Som的車程從30000Som開始喊起，我們慌亂之下打算走到大路上尋找看看有沒有正牌計程車願意以合理價格載我們，但大路上空空如也，只有身邊持續尾隨我們的司

機，經過鍥而不捨地討價還價，最後才以仍高於正常價的10000Som成交。

於是，我們學到這趟環球旅程最基本的第一課－討價還價。

長期生活在新加坡的我們，對於一切價格都有定律的生活已經過度習慣，而我們這次旅途所預計造訪的許多發展中國家，一切旅遊交通的價格卻都取決於供給及需求，沒有一個可依循的定律，完全取決於個人的議價技巧。當然，我們並不是說要奧客式的斤斤計較，而是要能杜絕不合理的欺騙，並維持當地旅遊業的永續發展，畢竟，我們有機會出國這麼一趟已經太幸福，與客源稀少辛苦賺錢的司機們不合理的殺價並不是我們尋求的旅遊意義所在。

薩馬爾罕（Samarkand）作為古時帖木兒帝國的首都，主要道路寬敞又平坦，雖然旁邊的小巷是徹底相反的凹凸泥土路，但整體可說是個規劃很不錯的城市。這裡到處都是開國英雄帖木兒的遺跡和紀念雕像，而且一個比一個巨大，我們決定先參觀這位英雄的王室陵寢。陵寢的外觀和烏茲別克大部分的清真寺和經學院差不多，有圓頂、宣禮塔和藍白相間的對稱裝飾。而長眠在墓碑下的祖先並不孤單，因為除了遊客，更多的訪客是後代的子孫，他們坐在旁邊將兩個手心合在一起，象徵捧起神聖的光線沐浴臉龐，並吟唱著禱告的歌。優美而莊嚴的歌聲緩緩上升，迴盪在密閉的空間裡，遊客也保持了難得的安靜。近郊的永生之王陵墓群則是葬了帖木兒王朝的宗教聖人和王室成員，每個墓都有著類似清真寺門口的方形建築，沿著斜坡往上建造。這裡依舊可見到帶著小孩的當地人跪在陵墓前禱告。

　　沒想到他們對前人的連結一直都在。

　　佇立在薩馬爾罕城市軸線中點的雷吉斯坦廣場是烏茲別克最有名的地標，更是我們對中亞之行最大的期待。這個寬廣廣場的三面各有巨大的經學院建築聳立，光是站立在廣場中想像古時帖木兒帝國的繁盛一時，就已讓人感動莫名。如今就算遊遍世界一年歸來，還是對於這個位於絲路樞紐的雄偉廣場難以忘懷。

　　這些美麗的回教建築分別是三個經學院，左邊的烏魯貝克經學院（Ulug'bek Madrasah）是最早建立的（1417-1420），門口兩側的阿拉伯文寫著君王烏魯貝克的名言：對知識的渴望是每一個穆斯林的責任。右邊的建築是希爾朵經學院（Sher Dor Madrasah），上方有人臉太陽和獅子逐鹿的圖案，在禁止偶像崇拜的穆斯林文化，這是少數有圖案的建築，主要是帖木兒之後受到突厥文化的影響，開始有一些圖騰的藝術表現。中間的是提拉卡麗經學院（Tillakori Madrasah），華麗的大殿內部

裝飾完全是用金漆的，非常的閃亮耀眼。可惜，旅遊產業的發展帶來的
影響總是有好有壞，隨著觀光客人數的增加，現在這些建築內部的每一
個研經室都變成一間間小商店，看不到任何關於這些建築歷史的解說
牌，有時候老闆的吆喝聲實在很破壞氣氛啊！

　　在撒馬爾罕停留的短暫期間我們有機會用Couchsurfing（沙發衝浪）
的社交平台約了一位當地的T先生出來聊聊，外表斯文健談且身為義大
利文導遊的他，告訴我們自從烏茲別克脫離舊蘇聯的統治之後，就致力
於去除所有與其有所連結的事物，這包括了敲倒所有廣場的列寧雕像、
將烏茲別克語改以拉丁字母拼寫等等，言談之間他也透露出了對祖國後
蘇聯新時代即將起飛的期待，及對自我未來生活的美好藍圖。

　　希望很快能迎接這個新絲路時代的來臨。

　　離開了薩馬爾罕，才發現其他的城市都是泥土路居多，市區規劃
程度差很多。布哈拉（Bukhara）過去是絲路上很重要的一個商城，來
自各地的商人在此做交易，因此可以看到很多圓頂建築像十字型一樣展
開，有四個出口，裡面販賣著各種貨品。每個攤販賣的東西都非常的異
國風味，好似穿越時空，衣服、帽子、樂器、瓷器、地毯、剪刀等等都
讓人想全部打包。賣樂器的老闆在推銷時竟還能每拿一個當地樂器就吹
奏出帶有淒涼感的絲路音樂，讓人留連忘返。

　　也許是古絲路的沒落，或者是不在主流旅行者的雷達中，布哈拉的
現在已經不比過往時代的繁華，沙塵飛揚的古城路上只有三三兩兩的遊
客帶來偶爾的喧囂。但這幅謐靜且發人思古之情的景象，卻對極了我們

　　旅行的胃口，不但不用摩肩擦踵的與眾多遊客擠著觀看古蹟的一角，而且隨處皆能邂逅當地居民原汁原味的生活－呼嘯而過的驢車、路邊嬉戲對我們咧嘴笑的孩童們、還有在各個巷弄轉角突然出現的千年古蹟經學院。有那麼一刻，我們自私的希望，這裡能永遠都不會改變，永遠都不會成為旅客所鍾愛的目的地……

　　雖然我們不會說烏茲別克語和俄語，但是一路上都很順利，因為當地人總是樂意幫忙，也常常要求和我們合照。烏茲別克是回教國家，但我們在這裡卻一點也沒感受到預期中的拘束，不僅當地的女性穿著自由，不須戴頭巾也常見短褲短袖，大家更不像多數回教國家有禁止喝酒的規定，一切都是順從自己的心意。當然他們也會前往清真寺禱告，並認定自己是回教徒，但是每個人可以選擇遵守所有的教規，也可以當個不受傳統教條規範的回教徒。

　　當地人的一句名言：「我們是信徒，但不是追隨者。」（We are believers not followers.）我欣賞。

▌ 關於黑市

　　2016年9月在烏茲別克用美元兌
換烏茲別克索姆是1：3000，而黑市
的匯率可以達到1：6200，將近兩倍
的價差當然得在黑市兌換，不過兌
換前一定要先調查好黑市的大概匯
率，才不會被有心人士欺騙。為什
麼會有黑市？當地人告訴我們政府規定每個當地人三個月內只可以兌換
2千美金，這麼小的金額對於做生意或是想出國的人來說實在太少了，
因此黑市漸漸形成，從旅客身上拿美鈔，再提供給當地人。通貨膨脹嚴
重對於人民和遊客都很不方便，出門每個人都在包包裡用黑色塑膠袋裝
錢，一百塊台幣的晚餐得付2萬索姆，而且大部分流通的貨幣最高面額
只有1千，顯而易見每天要帶多少紙鈔，當地人也練就了快速數鈔的技
能。雖然這裡物價很便宜，一餐兩個人通常只會花台幣2-3百元就能吃
得很飽，但是對當地人來說，他們賺的索姆用官方匯率換算其實是貴了
一倍，人民過得很辛苦。

在伊賽克湖畔遇見天山 ——吉爾吉斯

　　「今天是我媽媽的生日，你們剛下飛機一定餓了，一起來加入我們的宴會吧！」咧著嘴笑著邀請我們的是比什凱克的民宿主人Nurik，在他的盛情之下，我們就這樣迷迷糊糊地上了桌，好似古時招待外國使節般的被款待了滿桌吉爾吉斯美食，即使語言不通，在酒酣耳熱之餘，還是靠著Nurik和他弟弟Eric的翻譯，和與會的家族天南地北的聊了一晚，好不愉快。

　　原本，來到吉爾吉斯是為了朝聖天山，但先打動我的心的，卻是吉爾吉斯人的純樸與熱情。

　　Issyk-Kul伊賽克湖，是世界上第二大的高山湖，大小僅次於南美洲秘魯和玻利維亞交界的的的喀喀湖，唐朝的古名熱海，位於天山北麓。不知為何，我對伊賽克這個名字，有著莫名奇妙的美麗想像，與其說是想來看湖畔的天山，更精確的説法應該是來一睹山麓的伊賽克湖風采。我們在Nurik的幫助之下，順利搭上傳說中吉爾吉斯最重要的交通工具——Mashrutka小巴，在五個小時的顛簸後，映入我眼簾的是那一線蔚藍，而隨著車行，線逐漸轉成了面，一面澄澈無暇的深藍鏡子。我知道，伊賽克湖到了，就如我想像中的一般，它是這麼的寬闊又深不可測，但又讓人為它的美而著迷。

　　為了更親近地觸碰湖水的美麗，我們夥同了在民宿認識的法國情侶檔，一起雇車到湖北岸的無名沙灘探訪，原本特地帶上了泳褲準備下水

的我，卻被湖水的沁涼給嚇了一跳，果然，初秋時節1600公尺高山的湖泊不容小覷，於是，我打住了可能把自己變成冰棒的下水計畫，就靜靜躺在岸邊的沙灘上，欣賞這「湖」天一線的平和美麗風景。

　　來到伊賽克湖的天山山麓，我們終極的目標是要前進阿爾泰山山谷中的美麗溫泉聚落Altyn Arashan。Altyn Arashan在吉爾吉斯語中的意思是黃金溫泉，由此便可以想像這個坐擁天山美景並由天山融雪及地熱所形成的3000公尺高山溫泉，有多麼遠近馳名。我們在幾番探聽之後，發現雇用登山嚮導兩天一夜的價格所費不貲，又聽說其實自助上山並不難，只要兩天一夜輕裝上山走14公里（來回28公里），並住在溫泉聚落中的旅店或蒙古包中就可以，於是，我和克莉絲汀在幾經考慮後，決定到鎮上採購所需的糧食和水，挑戰自助上山。

　　殊不知，這14公里，是我們環遊世界一年裡最艱辛的路程。一路上大小碎石遍布加上馬糞處處，讓我前進緩慢，偶爾遇見的融雪溪流，更讓我們傷透腦筋才能通過，而在通過海拔2500公尺之後，稀薄的空氣和陡升的坡度讓欠缺訓練的我們舉步維艱，加上越來越多欠缺指標的叉路讓我們好幾度幾乎迷路，而此時距離我們早上出發已經七個小時，一路上遇到的登山旅客，十隻手指頭就可以算得出來，且已不知道消失在何處，筋疲力竭的我和克莉絲汀只能相望無言。

　　「啊……又是一個陡上坡，有完沒完啊！」克莉絲汀嘆氣說道，但

　　仍跟著我一起用盡最後的力氣爬上山巔。忽然間，一整片開闊的翠綠河谷蹦入我們眼簾，散落著幾戶人家，四周圍繞著許多座4000公尺以上的壯麗雪山，整個景色，就彷彿一張明信片中的仙境一般，果然，努力過後所見到的風景最美。

　　吃過晚飯後，在聚落盡頭的溫泉小木屋中，我們在外頭接近0度冷冽氣溫下，獨享了人生中第一次的3000公尺高山溫泉，今日來時路的疲勞與痠痛，此時早已化為烏有。

　　「你們來自台灣，對吧？」木屋中幫我們燒柴取暖的吉爾吉斯小夥子這般問。我心中驚喜了一下，畢竟在這中亞的高山上，只要不要把

Taiwan搞成Thailand就是萬幸了。「那你們對於蔣介石的看法是如何的呢？」他繼續追問，我著實嚇了好大一跳。原來，這個小夥子Zamir雖然來自阿爾泰山山區，但之前在比什凱克大學攻讀國際政治，現在畢業剛好閒暇回來上山幫忙父親的朋友經營民宿三個月，他告訴我，在這與世隔絕的山上令他最痛苦的事，就是沒有辦法每天早上收聽國際新聞。

　　這一夜，我們和Zamir湊在溫暖的柴火爐旁，天南地北地從兩岸政治現況聊到東南亞發展局勢，還有彼此的語言學習經驗及未來的夢想，欲罷不能，直到夜沉。

讓我們當兩天的遊牧民族
——吉爾吉斯頌湖

「這條公路再繼續往下開，就可以到新疆的喀什了。」我們的司機這樣說。我壓根兒完全沒有想到原來這裡離新疆如此近，四周環繞的高山和蓊鬱樹林讓人無法聯想到以前地理課本上那乾燥沙漠盆地氣候的新疆。

我們的目的地是從Kochkor往南開車一百公里左右標高3016公尺的高山湖泊——頌湖（Song-kul），吉爾吉斯僅次於伊賽克湖的第二大湖。原本克莉絲汀要我在伊賽克湖和頌湖之間擇一，但一來伊賽克湖畔的天山是必訪，二來我又對於來到頌湖有著莫名奇妙的堅持，覺得它會比伊賽克湖更接近我心目中的仙境，因此執意前來。

從Kochkor到頌湖的交通並不容易，由於頌湖周邊並無固定人居，只有6-9月之間才有牧民們帶著蒙古包上山牧羊，因此並無固定大眾交通工具，我們只能花錢從CBT雇了一台私家車，並預訂CBT合作的蒙古包過夜，而由於若雇車上山來回，需要多付司機過夜的食宿還有工資，算一算超過我們的預算，於是我們決定賭一把，只預定單程上山的車，至於如何下山，就走一步算一步了。

司機先生一路開得飛快，倏忽之間我們從柏油路上拐入了上山的石子路，隨著高度不斷的爬升，蓊鬱的樹林漸漸轉換成了枯乾的黃草原，而在路旁與我們擦肩而過的，只有無數的牛羊馬，還有偶遇三三兩兩趕牲口下山的牧民們，看起來今天除了我們一台車，似乎沒有人上山阿。我低頭看著手機GPS的高度計，正忖度著到底何時會抵達，「阿！！」克莉絲汀忽然間的歡呼，車前的景色豁然開朗，那無垠的湛藍湖水和湖畔的草原在我們眼前鋪陳開來，而遠方那靘青朦朧的起伏山嵐，與前方

　　草原上散佈的蒙古包及三兩成群的駿馬，恰如其分襯托了湖水的美麗。也許是位於3016公尺的高山上空氣稀薄，我覺得離天空和雲朵好近，而我心目的仙境頌湖，就再真實不過的在我眼前。

　　為了在阿爾泰山沒能嘗試而選的蒙古包，比我們想像中的豪華，兩個旁邊堆疊著厚重毛毯的床鋪及地上鋪滿的毛皮地毯，配上旁邊供燒柴取暖的火爐煙囪，完全可以想像這裡夜晚的寒冷程度。我們所住的四號CBT營地，是這裡眾多蒙古包營地之一，配備有2-3間蒙古包房間及一個餐廳帳篷，而廁所不意外的是吉爾吉斯式的戶外茅坑，離主營地有一段距離，而盥洗用的水源，則是戶外架起的簡易式洗手台，裏頭的水可是營地主人從湖邊打回來的。

　　中午在餐廳帳篷吃傳統的吉爾吉斯式午餐，招呼我們的營地主人是個滿臉風霜的吉爾吉斯老太太，她用著一種憂愁的臉坐在旁邊看著我

們用餐，問她什麼為獨自在這打理營地，她說：「現在放牧季節即將結束，兒子騎馬帶著羊群下山去了，要花五天的時間才能抵達，所以我只能暫時全權代管。」

這果然是再真實不過的游牧民族生活。

原本跟老太太說了吃過飯後想要租借馬匹來試騎，哪知道高山上天氣變換多端，中飯都還沒吃完外頭瞬間就狂風暴雨，嚇得我們只好趕緊躲回蒙古包睡起午覺。兩小時過後陽光再次露面，老太太說我們可以騎她家的兩匹馬自己去逛，殊不知沒騎過自由馬兒的我們，怎麼敢自己上馬就走，於是趕緊找了一個附近的導遊陪同。

想起來還真是大膽，以前從來沒騎過自由不受拘束馬兒的我們，第一次就要挑戰在高山湖畔駕馭吉爾吉斯駿馬。「啾啾」是前進的意思，搭配用腳踢馬的肚子，「兒～～」的顫抖音則是叫馬停下來。」導遊這樣告訴我們。無奈我們的馬一個貪吃草不肯走，一個喜歡唱反調走不同的方向，一個小時下來根本沒走多遠，更別肖想要騎馬奔到遠方的眺望點了。不過，在這短短的時間內，我們在馬背上又再次經歷了大太陽、下雨、下冰雹和彩虹等變幻莫測的頌湖風貌，也算得上是值回票價了！

我們開心地度過了在這人間仙境的下午，才突然想起我們隔天下山的交通根本毫無著落，請民宿的老婆婆幫忙詢問有車的其他營地主人，但每個人開價都是我們上山價格的兩倍，而且由於九月底已經是頌湖放牧季節的尾聲，遊客稀少也沒有人可以讓我們併車一起下山。當我們著

　　急得像熱鍋上的螞蟻時，突然想起我們下午在湖邊遇到的一個在吉爾吉斯做人類研究的美國教授，他們一群人是包了一輛車上來的，也許可以試試。以前的我們臉皮薄得像紙一樣，這種請求搭別人便車的事還真的是做不出來，但這時的我們已是窮途末路，要不就是被牧民揩油，要不就是留在這偏遠的山上吃草了。

　　果然，人的無窮潛力在沒有選擇時才能發揮，我豁出去了問了教授隔天是否能冒昧搭他們便車下山，他也很爽朗地答應了。又一次，我們開始踏出舒適圈，拋開那些所有已經計畫好的日常，開始習慣隨著旅程的無常調整自我，雖然困難，但至少我們已經開始修習面對未知世界的課程。

　　傍晚時分用晚餐，外頭又是狂風暴雨，但當我們踏出餐廳帳篷時才發現四周圍的山巒全撒上了雪白糖霜外衣，與向晚的暮色輝映成了一幅動人心弦的畫作。而暴風雪過後的天空格外晴朗，這一夜，高山閃亮的星空和橫跨天際的銀河成了我們半夜出門去茅坑上廁所時所遇見最驚喜的禮物。

　　美麗如仙境般的頌湖，我怎麼能忘記妳？

搖滾向南
──穿越吉爾吉斯

「Nurik，你那邊還有房間嗎？」搭Mashrutka從Kochkor回首都比什凱克的路上，我撥了一通電話給之前接待我們的民宿主人，彷彿是熟識已久的老朋友般。「當然有，直接過來我馬上幫你整理好。」他熱情地回道。

這次出行，我們愛上了住宿在這樣小本經營的Guesthouse民宿，一來是因為我和克莉絲汀兩人住一間陽春型的雙人房並不比買兩個擁擠的青年旅館床位昂貴，二來最重要的是民宿主人帶來的人情溫度，讓每次剛抵達人生地不熟國度的我們總是感到安心有所依靠，就像是到哪裡都有朋友接待一般。

回到首都比什凱克是為了繼續向南，向南抵達我在吉爾吉斯最期待造訪的小村莊－Arslanbob。縱使前一站頌湖距離Arslanbob不遠，但一個天山的距離卻分隔了兩地，讓我們不得不走回頭路。

從比什凱克到Arslanbob至少要10小時的山路車程，如果還要搭乘Mashrutka對於受暈車所苦的克莉絲汀就如煉獄一般，因此我們在網路上找了幾個有些年代的包車資訊，不好意思地請Nurik一一幫我們打電話詢問，但似乎不是電話不通就是當時不在比什凱克。就在我們灰心絕望時，有位仁兄回電說他有個正在比什凱克的朋友明天要回Arslanbob，可以給我們便宜價格4200Som。Nurik點頭示意這是好價格，於是我們就這樣說定了，也放下了心中的大石頭。

萬萬沒想到隔天在約定時間來到民宿接我們的是一個不知道成年沒的青年，我和克莉絲汀互望了一眼，但也只能接受命運的安排，才出門20天，我們卻出奇的已經開始接受計畫之外的許多「驚喜」，相信每一

個我們所遇到的人事物，最終都會有其意義。

「砰茲～砰茲～砰茲～」不知道是為了在10小時的車程中提神，抑或是個不折不扣的重金屬搖滾音樂迷，這一路向南，就在這樣令人振奮的旋律中，小哥把有些年紀的車子當成F1賽車開，不斷在穿越天山的蜿蜒公路上沿路超車，帶領我們經歷壯麗的峽谷、飄雪的銀白世界、還有一批批趕牛馬羊下山的牧民們，最終只用了9個小時就抵達終點－Arslanbob。

　　這是個極小的村莊，小到一個小時內就可以徒步走完，但我們卻愛極了。也許是因為它的遺世獨立，或者是我們出門馬不停蹄已快一個月，希冀找個安靜的世界角落休息，又抑或是我們就是偏好這種不是太熱門的旅遊地點，才能有機會體會到最純樸原始的吉爾吉斯居民生活。

　　但純樸原始總是與便利舒適是相對的，想當然爾在這樣的小村落中，民宿不只不會有wifi，連廁所都只有建在戶外的茅廁，還有在山上寒冷的夜晚，仍要走出戶外到另一棟建築洗澡。完全沒有想到克莉絲汀竟然開始有辦法適應這樣的地方，雖然她嘴上仍是抱怨連連，但卻似乎已經開始走出自己的舒適圈，蛻變成另一個完全不同的人。

　　Arslanbob最著名的是它擁有世界上最大的核桃森林，但令我們感動的卻是這裡的人文風景。

　　我們在村落中的CBT找了響導S先生帶我們進入森林，這時候已經是核桃產季季末，但S仍熱情地指引我和克莉絲汀在地上尋找殘存的核桃果，只是經驗缺缺的我們過了三十分鐘仍然採不到一手的份量。

「嗨！」遠方的一位大媽揮舞著手，示意我們過去。「哪～」我們還會意不過來，大媽一眨眼就把她手上所有的核桃果都給了我們。雖然我們無法溝通，但她這個舉動卻讓一股強烈的暖流從我倆心中倏然流過。撿拾核桃可說是此地居民貼補家用的經濟來源，而她竟然只是看我們撿拾困難重重，就無私地分享了她努力勞動的成果，這對於一直生活在功利資本主義中汲汲營營向上的我們，不啻是當頭棒喝。

S先生對我們來說更是另一個驚喜。

生於斯長於斯的他，除了卯足勁地跟我們介紹Arslanbob的好之外，沿途森林步道上只要有垃圾，他就不辭辛勞的撿拾集中，並對我們說：「我在導遊工作之餘總會到小學裡推廣環保活動，希望我們的下一代世代能逐漸建立起環保意識，永續地保存我們珍貴的自然觀光資源。」而當我們在小徑上遇到賣罐裝飲料還有零食的小販時，S還苦口婆心地過去勸說，希望小販們能向顧客們宣導垃圾不落地的觀念，這樣的舉動著實令人佩服萬分。

　　我們爬上了步道的最高觀景點，遠方高聳的雪山搭上前景散佈在美麗山谷中的小村落令人屏息，我們和S約定下次若再回到Arslanbob，就去他計畫要開業經營的民宿幫忙安裝wifi兼打工換宿，並住上一陣子，他教我們俄文，而我們則教他做一些道地的台灣美食，讓他的民宿變成村落中最夯、有wifi又有跨國界餐食的人間天堂。

　　希望真的有那麼一天，再見Arslanbob。

既熟悉又陌生的菜系
——中亞

　　飲食是文化觀察最直接也最有趣的部份。一個地方的食物，代表著不僅是當地人的口味，很多時候更是體現了自然風土民情。透過觀察中亞的飲食，我們得以更深入的了解這個區域的自然環境、文化及歷史。

　　「我們這裡有賣Lagman，要不要試試看啊？」撒爾馬罕餐廳內的服務生這樣吆喝著。剛抵達烏茲別克的克莉絲汀和我面面相覷，疑惑著這難道就是中文所謂的「拉麵」？好奇心驅使之下我們馬上點了一碗，結果一上桌，白色粗獷肥厚富有咬勁的麵條配上香濃的燉肉汁，儼然是中國北方麵食的翻版，那熟悉的氣味讓我們愛上，成了這一段中亞旅行餐食的主角。

　　原來，因為與中國長久以來的地緣關係及作為絲路向西的開端，中亞的飲食文化自古以來就與中國北方有著許多的交流，而拉麵這道中式經典菜色也因而傳入。以牛肉蔬菜高湯為底，並加入在地蔬菜紅蘿蔔、番茄、紅椒等菜色，最後搭上手工的麵條即成。這道經典的改良版在地風味Lagman，可以是乾麵也可以是湯麵，跟台灣的乾湯麵竟有異曲同工之妙。古往今來多少行走在中亞古絲路上飢腸轆轆的中華旅人們，靠著這道菜填飽肚子並一解鄉愁，抖擻精神的繼續向西邁向未知旅程。

　　另一方面，中亞作為過往蘇聯的成員國，在很大的程度上接受了許多俄羅斯的飲食習慣及特色料理，例如佐餐絕不可少的麵包，以及俄羅斯餃子（Manty）和眾多以蒔蘿（Dill）做為調味的湯及燉菜。而在烏茲

別克用餐，菜單的編排也可以看出其受到歐洲飲食文化的影響，從湯、前菜、主菜到甜點的順序，搭配著中亞獨特的菜色，讓人有時也疑惑自己到底是身處亞洲，抑或是歐洲呢？

縱然同時受到中國及俄羅斯飲食文化的影響，中亞依然保留著許多中西亞共同的特色菜，最著名者當以抓飯（Plov）為代表。帶骨的牛肉或羊肉和洋蔥作為鍋底以油香煎，之後再陸續加入紅蘿蔔、葡萄乾，並以鹽巴及小茴香（Cumin）調味，最後加入米及開水以文火慢燉。煮成之後的抓飯香噴噴油亮亮，飯粒分明且燉肉入口即化，讓人回味再三。

而在烏茲別克，抓飯更被奉為國菜，每個家戶的男主人可都是以自己拿手的抓飯為傲，每逢佳節，下廚做一鍋香噴噴的牛羊肉抓飯以分享給街坊鄰居，可是令人再驕傲也不過的事情。說抓飯是烏茲別克的國菜一點也不為過，在首都塔什干，還有一個專門的中亞抓飯中心呢！深愛這道中亞料理的我，還特地在布哈拉的民宿旅館中，央請主人開課傳授這道菜的作法和秘訣，讓我往後在思念之餘，還可以自己下廚做一道香噴噴的中亞風味，與家人分享。

而在食材方面，由於是回教國家的關係，中亞人最常吃的肉，不出牛、羊、雞三種。但令我驚訝的是，我在烏茲別克餐廳的菜單上也曾經看到豬肉料理，誠如之前所說，這大概是是因為烏茲別克人並非全數「遵循」回教教義，而大部分只是「相信」而已。

另外在蔬菜的種類的選擇上，中亞料理顯得有些貧乏，不管是烏茲別克或吉爾吉斯的餐桌上，永遠能見到的就只是番茄、茄子、紅椒、黃瓜及包菜的排列組合。一道最經典的中亞餐前菜，就是切片或切塊的小

黃瓜、生番茄再撒上蒔蘿和鹽巴調味，這個簡單但卻有些單調的味覺，是我對中亞的重要記憶。也許是因為氣候及土壤不允許栽種葉菜類植物，也或許是因為缺乏乾淨的水源清洗菜葉，又或者只是因為寒冷的氣候環境，讓當地人偏好高卡路里的蔬菜而非含水量高的葉菜。

　　若要說出一個我們在中亞嘗試過最突破自我的食物，那肯定是在吉爾吉斯南方大城奧什（Osh）所嘗試的馬肉拉麵。自古以來被稱為駿馬之國的吉爾吉斯，馬匹之多讓馬肉自然而然地成為了國民食物，但觀光客如我們，為了要不要嚐試這道菜可是猶豫了許久。切成牛腱般一片片的馬肉，豪邁地舖滿了比臉還大的盤子上，而那香噴噴的味道與其他的拉麵無異，我深吸一口氣，小心翼翼地夾起較小片的馬肉放進嘴裡，等著味蕾告訴我這盤拉麵最後的命運。還好，馬肉的口感就像是纖維稍微粗糙些的牛肉，腥味還在可接受的範圍內，但對於第一次嚐試的我們，完食這盤巨大的馬肉拉麵仍然是一個不可能的任務，只好告訴自己突破自我已經是一件可喜可賀的事情，聊表慰藉。

　　離開中亞的前夕，吃了將近一個月異國風味的我們縱然喜歡中亞菜色，但仍不免感到些許味覺疲勞，於是在吉爾吉斯首都比什凱克按圖索驥來到一家日式餐廳Furusato。原本以為這個遠離海洋的中亞內陸日本餐廳頂多只是日本皮、中亞骨，但從我們踏進餐廳的那一刻起，Furusato從家具裝潢、餐具擺飾到菜色無不日式至極，而壽司櫃後忙進忙出的日本老闆，讓我們恍如隔世，真以為來到了日本。「你們從哪裡來阿？」也許我們是吉爾吉斯少見的東亞臉孔，日本老闆突然停下手

邊的工作問我們。「我們來自台灣。」回答完這一句話後日本老闆突然眼睛一亮，很激動地跟我們說謝謝台灣在福島震災中的幫助，並誠懇的說了一句「We're friends.（我們是好朋友。）」

　　能在離海洋幾千里之遙的中亞享受日式料理，我們已感到滿足至極，但沒想到用餐當中，侍者突然幫我們送上一大盤擺盤如花藝般精美的鯖魚生魚片，「這是老闆的招待。」侍者對我們說。我們的心好暖好暖，感動的味覺已經不知道是來自肥嫩鮮美的鯖魚，還是老闆那一片盛情的人情味。謝謝你！Furusato！給了我們離開中亞前最後的美好回憶。

西伯利亞鐵路的日常
——俄羅斯

　　全世界最長的鐵路，西伯利亞鐵路，神秘又遙遠，從蒙古到海參崴，總共7天。

　　從新西伯利亞（Novosibirsk）出發的我們很快地找到我們的二等車廂，2個室友都在裡面，打了聲招呼，一個是俄羅斯人，另一個是亞洲人。車廂很小，費盡努力才把行李都塞好。鋪了床單，打開床頭燈，不知道該做些什麼好。突然一陣敲門聲，負責我們車廂的小姐拿了便當來，是車票贈送的一餐，那就來吃東西吧！

　　小小的桌子塞滿許多空瓶，看來室友已經住了幾天了。吃飽來看點書，好險有帶殺時間的東西，偷看一下樓上兩位室友都很安靜，一個看平板一個看手機。來到俄羅斯的時候雖是10月，但氣溫已經降到3度左右，坐火車前我感冒了，是最痛苦的乾咳，咳得像重病一樣，每5秒就咳好多聲，心想室友一定恨死我了。

　　樓上的俄羅斯室友下床後，對我比了吃飯的動作，噢！他想要坐在我的位子上吃飯，我把桌前空間讓給他，挪到旁邊。他從地上拿出行李，翻出了他的食物，我看了一眼，有兩個超大的保鮮盒，一個裡面大概有20個雞腿，另一個裝了20顆蛋。看來這是他此次旅行準備的食物。

　　咳嗽真的很累，我刷了牙很快就睡著了，只有在我睡著時室友才能獲得片刻的寧靜。等我醒來，剛好車廂小姐拿了一籃麵包問我們要不要買，走到廁所發現有人正在打掃。我站在狹窄的走道上等待，並看著窗外不變的風景，呼嘯而過的乾枯樹林。隔壁房的鄰居帶著小朋友跑出來，父子兩人在我旁邊玩丟球。

　　肚子餓了，但我們沒有像室友一樣準備食物，只好去餐廳車廂找東西吃，原本以為那麼長的火車一定很多人會跑去餐車吃飯喝茶，沒想到竟然空無一人。服務生熱情的招待我們，在搖晃的火車上食慾也不太好，所以只點了一碗湯。咦？我們的亞洲室友也跑出來吃飯了，連吃飯都不放下平板電腦。餐廳的價格不便宜，難怪大家都自備餐點。

　　再度回到小小的包廂，悶在這個空間裡還真痛苦，好險我們沒有要坐7天的車，此時車廂小姐來賣報紙了，可惜只有俄語版。俄羅斯室友照三餐跟我比一樣的吃飯動作，然後吃著一樣的雞腿配雞蛋，他看起來很強壯，每次爬到上鋪都不用樓梯，兩手一撐就上去了。至於亞洲室友則是裝備齊全，竟然吃起香香的泡麵，我才知道原來車廂內有免費的熱水可以使用，哎呀只能後悔準備不足！

　　待在車廂裡的生活很簡單，無非就是吃飯、咳嗽、睡覺、讓位給室友吃飯。下午車廂小姐賣起了冰淇淋，好多人買喔！看起來西伯利亞鐵路的服務滿貼心的，賣得東西不是千篇一律。

　　吃完晚餐聽到我們的車廂小姐在走廊上大聲叫著，雖然聽不懂俄文，但是頭往外一看發現是亞洲室友的平板電腦，我趕忙舉了手說這裡這裡，等到亞洲室友從廁所回來才想起他忘了把東西拿回來。這個小插曲使得我們終於聊天了，原來他是日本人。自我介紹之後，他第一件事竟然是拿出他的藥袋，給了我一些日本的咳嗽藥，然後和我們分享平板裡的一些旅遊照片。

　　我們坐在位子上欣賞照片，滑到一張飛機的照片時，俄羅斯室友突然叫了一聲，用破爛的英文說出了這個飛機的機型。我們這個四人房頓時熱絡了起來，經過一陣比手畫腳，才知道俄羅斯人是軍人，正要回軍隊，他要在火車上待四天。難怪他可以用手就爬到樓上，俄羅斯的軍人果然不是好惹的！他要到中俄邊境歸隊，問他是哪個城市，他神祕的用

英文說：「TOP SECRET！（最高機密）」大家都笑了。

　　日本室友原來才是瘋狂的那位，他要挑戰七天的西伯利亞鐵路，目前已經到了第四天，我佩服的問他怎麼會做這個決定，他聳聳肩說他也不知道，就是想體驗吧！7天不洗澡，塞在火車裡，我無法想像，果真要淡定如他才辦得到。

　　經過了36個小時，火車緩緩駛抵伊爾庫茨克（Irkutsk）車站，我們真的要下車了。在火車上的日子雖然無聊，但也和周遭的陌生人親密地相處了好久，和室友道別走出房間，隔壁房的小孩又跑出來玩，勤奮的車廂小姐微笑和我們說再見。怎麼感覺像是要離開熟悉的家，竟有點不捨。

　　原來這才是西伯利亞鐵路真正的魅力。不是它的長度，而是它的溫度。

36 小時西伯利亞鐵路終點
——貝加爾湖畔伊爾庫茨克

　　國中的地理課本上，俄羅斯遠東地區的西伯利亞森林是如此的神祕又美麗，而鑲在這片荒原上的珍珠－貝加爾湖，正是歷史課本中蘇武牧羊的北海，因此我對於這片遙遠的大地，從小就有極大的憧憬。藉著環球旅行之便，毫不猶豫的就把貝加爾湖畔的城市——伊爾庫茨克定為西伯利鐵路小朝聖的終點。

　　Irkutsk伊爾庫茨克這個名字聽起來充滿了異國浪漫的情調，實際上它也的確有著一個相當美麗的外號——東方的巴黎。作為此趟漫長西伯利亞火車的目的地，這個傳統俄風都市帶給了我們無限希望，期待能在這個人跡罕至的西伯利荒原中，遇見一個如花都巴黎般，有許多美好角落等待我們探索的秘境。

　　10月初的西伯利亞時序已近深秋，剛踏出火車的我們在青年旅館安頓好後，迫不及待循著伊爾庫茨克的歷史散步路線一路走到了安加拉河畔，正讚嘆著市區眾多以西伯利亞原木搭建成的美麗建築的我們，還未回過神來就發現天空竟飄下了細白雪花，仰頭望去，那漫天飛舞的輕盈冰晶多麼美麗，緩慢又優雅地降落在細尖的東正教教堂塔頂，形成了一幅洋溢著俄羅斯風情的動人畫作。

　　阿！在東方巴黎遇見我們此趟旅行中的初雪，是多麼浪漫又令人興奮的一件事！

　　在火車上悶了一天半，再加上一個多月以來在俄語區吃到的大同小異食物，讓我們決定晚餐到青年旅館旁轉角的Figaro義大利餐廳小小犒賞自己一番。

　　「您好，我會說漢語，如果有問題的話請儘管問我。」才剛進門，就聽到字正腔圓的中文，原以為是餐廳裡的中國服務生，沒想到竟然是個金髮碧眼又高挑的標準俄羅斯美女R，她也就是我們今晚的服務生。一問之下，才知道在這比鄰中國邊境的俄羅斯小城，中文可是當地非常熱門的第一外語，甚至比英文還夯呢！中國的日漸強盛雖然總是讓身處台灣小島的我們備感壓力，但有時候仍會在旅行時感到許多小小的便利，至於國家認同的心裡複雜感受，就只能暫時擺一邊了。

　　「如果您喜歡我的服務，我會很開心您可以給我一些小費。」雖然中文文法有些滑稽，但聽到R努力的擠出這一段話，加上晚上用餐的經驗的確相當愉快，窮遊的背包客如我們也只能暫時裝闊，給了R還不錯的小費。

　　伊爾庫茨克的城市歷史雖然有趣，但是我們來到這裡的主要目的還是親自造訪貝加爾湖，因此在這裡的最後兩天我們前往貝加爾湖畔有著美麗名字的小鎮－李斯特維揚卡Listvyanca。

　　從伊爾庫茨克前往李斯特維揚卡並不困難，只要從中央市場（或東邊的巴士總站）搭上人滿即開的小巴，一路上穿過西伯利亞的典型森林，不出一個半小時就可以抵達位於安加拉河口的小鎮。

　甫映入眼簾的遼闊水域，就如我心底所想那浩瀚的北海景象如出一轍，令人震撼，且望不到邊際。下了車，我們沿著湖畔的道路往前走，岸邊三三兩兩的漁船伴著輕拍的浪濤搖曳著，恣意翱翔的海鷗一派輕鬆地來回尋覓獵物，多麼平和但又令人醉心的一幅景象。

　接近道路盡頭有個魚市場，小小的空間聚集滿滿的魚販攤位，上頭陳列的盡是貝加爾湖最出名的貝加爾白鮭Omul魚乾，油亮亮的金黃色澤好不誘人。此時我們也走累了，於是循著人潮找了市場面對湖景的小酒吧，點了杯貝加爾湖生啤，配上烤肉小菜，以百萬貝加爾湖美景佐餐，可說是人生一大享受啊！

　這一晚我們夜宿在湖畔山坡上的Baikal Chalet Listvyanca小木屋，晚餐享用道地的嫩煎貝加爾白鮭佐俄式沙拉，讓人齒頰留香。外頭西伯利亞秋夜的氣溫急速驟降，用完餐躲回房間的我們無心之下打開窗簾，才赫然發現一幅令人醉心的景象躍然眼前──一輪明亮的滿月映照著廣闊貝加爾湖面的三兩漁光，金黃色的光芒灑落大地，萬籟俱寂，一切都靜美得太不真實。

千年修道院古國
——亞美尼亞

　　從俄羅斯聖彼得堡飛往歐洲的路上，我們決定途經亞美尼亞，一片位於歐亞邊緣高加索地區，也是前蘇聯成員的古老土地。

　　難得遇到一個比台灣領土還小的國家，只有29800平方公里。我們在亞美尼亞（Armenia）首都葉里溫（Yerevan）訂的民宿才剛開幕不久，民宿夫婦很可愛，雖然不會說英文，但是比手畫腳比得很激動，老闆Armen用破碎的英文單字說：「女兒……英文……等一下……」，聽不懂倒也無所謂，因為紅眼班機讓我們只想倒頭就睡。等我們醒來已經傍晚了，一開門發現Armen和他女兒Lily早已坐在沙發上等我們。原來是有一個會說英文的女兒，她盡心的替我們翻譯，解說要怎麼從民宿坐

小巴去市中心，推薦必去景點，也順便推薦她那位可以開車帶我們去玩的導遊老爸。

這個高加索地區的內陸國和鄰居處得不大好。和右邊的亞塞拜然有領土爭議問題，和左邊的土耳其則有大屠殺的疙瘩。亞美尼亞的領土就在周遭各國的侵略下，不斷減少成今天這個樣子。大家或許都知道德國人在二戰對猶太人的大屠殺，卻鮮少人聽過土耳其在一戰對亞美尼亞實行同樣殘酷的種族大屠殺，這段歷史也導致亞美尼亞居住在海外的僑胞遠多於住在國內的人口，難怪遠在阿根廷，我們曾因為看到一棟亞美尼亞同鄉會大樓而感到驚奇。第二天，Armen 帶我們到附近熟悉環境，女兒 Lily 突然指著遠方一棟建築對我們說：「你們知道嗎？每年 4 月 24 日，亞美尼亞人都會在那裡共同紀念大屠殺犧牲的同胞。我真的很討厭土耳其人，我這輩子只去過一次土耳其，而且以後再也不會去。」

一個才 14 歲的國中生對這個歷史事件做出這麼激烈的反應，可見她的老師、老師的老師應該都還難解這心頭的結吧！

葉里溫的國家歷史博物館裡面有一個很大的區域記載著亞美尼亞種族大屠殺的歷史，看著殘酷的黑白照片，我們心痛的學習這段過去，突然身旁冒出一句話：「哈囉！我是大屠殺受難者的第三代，爺爺那代受害之後，我們舉家搬到了敘利亞，但這兩年敘利亞有 ISIS 動亂，我們又回到了亞美尼亞。」說話的是一位中年男子，正擔任兩位遊客的私人導遊，看到我們認真地看著說明牌，忍不住和我們說幾句。他說話平靜的聲調，彷彿那歷史已經是久遠塵封的往事，想多跟他聊幾句，但礙於他正在帶團，只能對他說很遺憾發生這樣的事情。

這段悲傷的歷史好遠也好近，而且好真實。現在，我們替亞美尼亞感到開心，至少，他們在經歷如此長久的坎坷路途後，在蘇聯垮台的時空背景下終於建立了穩定的國家，讓全世界的亞美尼亞遊子，多了一個回家的選擇。

歷史上造成悲劇的主要原因總是宗教。早在西元 4 世紀早期，亞美尼亞就將基督教視為官方宗教，成了世界上第一個基督教國家，而正因為周遭幾乎都是伊斯蘭國家，千年來異族試圖將亞美尼亞人轉成回教徒的計畫始終沒有中斷，也因此導致衝突不斷。好險這個計畫沒有成功，

今日我們才能看到四處屹立在亞美尼亞境內古老的修道院。

也因此，這些動輒三四千年歷史的古老遺跡就成了我們在亞美尼亞的主要目的地。它們座落在國境內所有俯瞰優美景色的山丘上，各有其不同的姿態，盤踞一方，而唯一相同的，是那千年一瞬般，訴說著遠古傳說爬滿青苔的斑駁石牆。

朝聖這些修道院就好比穿梭在時空隧道中，在那潮濕灰暗的空間中尋找過去的痕跡，而祈禱室中冉冉上升的燭煙，及迴盪直達天聽的優美聖歌，竟讓我們驚覺，是否自己成了不速之客，無意中打擾了此處不可侵犯的神聖。

成長在歷史無比年輕的台灣島，我們面對這樣年代久遠的存在，有種說不出的感動，但另一方面，也有種感嘆，感嘆我們摯愛的福爾摩沙島上，要是能同時擁有這些古老的歷史觀光資源，那該有多好……

聖經創世紀的某一篇寫著：七月十七日，方舟停在亞拉拉特山上。因此有人說首都葉里溫是諾亞建立的城市。我喜歡葉里溫舒適的城市規劃以及探索不完的咖啡廳和博物館，天氣好的時候，從葉里溫可以看到遠方壯麗的大雪山－那就是亞拉拉特山（Mount Ararat），土耳其境內的最高峰，更是基督徒口中諾亞方舟停留的聖山，及亞美尼亞人口中失落的聖地。自從土耳其人奪去那片領土之後，距國境短短32公里外的亞拉拉特山，成了亞美尼亞人心中的最痛，更是他們世界中最遙遠的距離。

這個國家除了充滿濃厚的宗教色彩，沒想到也是傳說中最古老的產酒地，就在一個叫做Areni的區域。我們的品酒人生大概從工作之後才開始，自從在澳洲的獵人谷參加了第一堂品酒課之後，參訪不同的酒莊就成了我們其中一個共同的興趣。除了想試試Areni葡萄做出來的葡萄酒，更重要的是朝聖世界上最古老的酒莊（公元前4100年出現）。到遺址地

點的時候鐵門深鎖，門外賣紀念品的小販幫我們打了通電話給管理員，管理員一來就說要收費，我看這裡既沒有售票亭他也不發門票，看起來是中飽私囊了。收了錢的管理員興高采烈的幫我們打開洞穴內的燈光讓我們看仔細點，裡面全是破碎的酒缸，土色且毫無裝飾，果然古老。

在亞美尼亞，沒有三千年以上歷史，也許沒有資格被歸類為古蹟……

住在Areni的民宿一晚，接待我們的是民宿主人的兒子David，跟我們年紀相仿，他說最近他才為自家產的酒設計了一款新酒標，希望可以開始銷售家裡釀造的酒。晚上他帶了一瓶自釀的紅酒和一壺烈酒來找我們聊天，自釀的酒有點雜質，但很香醇。他說他已經離婚，有一個可愛的女兒，還開心的拿手機跟我們分享女兒的照片。談到亞美尼亞的歷史，他說：「和亞塞拜然的邊境衝突從來沒停過，其實我去年才和朋友約了一起當志願軍，在邊境和他們打仗呢。」有點微醺的他講到這，掀開了上衣，給我們看他作戰時受傷的疤痕。

戰爭這個在我的電腦螢幕冷冰冰出現的字，卻這麼紮實的在他身上劃了熱騰鮮紅的一刀。

▎亞美尼亞的歷史

從沒想像過有機會來這個高加索三小國中最小的一個國家，拜台灣護照幾乎難以進入喬治亞及亞塞拜然之賜，只好選擇這個對台灣護照較友善的國家拜訪。以前，只在地理課本中學到高加索可能是最早人類的起源地之一，但卻從來不知道原來這一個面積只有台灣三分之二大的蕞爾小國，原來自古至今經歷過了這麼多的苦難。古時被西邊的拜占庭帝國與東邊的波斯帝國夾擊，而現今北鄰俄羅斯，南接伊朗，西邊是境內有著亞美尼亞聖山Ararat的土耳其，東邊還有不時因邊境糾紛干戈相向的亞塞拜然。1915年開始的種族大屠殺，使得土耳其境內150萬的亞美尼亞人自此消失在世上，而其他的倖存者逃往世界各地，分布最眾者包含法國、美國以及現今再度陷入戰亂的敘利亞。世居於敘利亞的亞美尼亞人，這兩年又大量的移居回亞美尼亞。

私房旅遊攻略

烏茲別克

簽證

1. 持中華民國護照需要先申請簽證，可請旅行社代辦。
2. 旅行社stantours（http://www.stantours.com/）。
3. 入境：進入烏茲別克的機場要填寫兩張入境卡，務必誠實申報帶入的所有錢幣，出境時有可能會被要求拿出來看，若沒有誠實申報，可能無法帶出境。海關會將一張入境表給你，一定要留好，和護照一起隨身攜帶。出境則只需要填寫一張出境表，並將入境和出境表都交上。

住宿

　　每晚務必和飯店拿registration slip，證明住宿的地點和日期，出境的時候海關可能會檢查，像我們就有被要求出示，不能住couchsurfing這種，一定要是政府認可的住宿。以下是我們的推薦住宿，都是價格便宜CP值高的地方。

1. 塔什干：Topchanhostel房間乾淨，共用浴室和廁所是分開且空間很大，老闆和員工都很幫忙。
2. 薩馬爾罕：Hotel Samarkand Safar房間大又乾淨，早餐好吃，離市區距離稍遠。
3. 布哈拉：Hotel Khurjin體驗當地傳統經學院建築的住宿，房間有點小，早餐豐盛，幸運的話還可以跟民宿老闆學做烏茲別克抓飯。
4. 希瓦：Laliopa Guest House早餐超好吃，老闆人很好，網路是我們在烏茲別克最快的，老闆

是我們遇到唯一知道台灣的當地人唷。

交通

1. 從首都塔什干到薩馬爾罕可以搭乘高鐵、火車或計程車。計程車可以包車或是和別人分，通常司機會自己去攬客，也可以請飯店安排交通。
2. 先了解當地計程車的價位，像薩馬爾干市區通常一人是2000 som，到火車站大概7000 som，但是從火車站到市區通常比較難殺價。
3. 薩馬爾干市區有一個售票處，可以自行去買前往布哈拉的火車票，記得帶護照。
4. 從布哈拉火車站到市中心的距離較遠，合理的計程車價位是15000 som，市區則景點都可以走路到達。
5. 布哈拉到希瓦可請住宿安排計程車，希瓦的城門內景點可走路。

行程

建議停留天數：薩馬爾罕2-3天，布哈拉2-3天，希瓦2天。
1. 薩馬爾罕：鐵木兒王室陵寢（Amir Temur Mausoleum）、永生之王陵墓群（ShakhiZinda）、雷吉斯坦廣場（Registan Square）。
2. 布哈拉：利亞比水畔區（Lyabi-Hauz Complex）、圓頂商城（Toq Trading Domes）、卡里昂廣場（Poi Kalyan Complex）、稍遠的亞克王城（Ark）、超美的土磚世界遺產薩曼尼陵墓（Samanid Mausoleum）以及寂寞星球中亞版封面的美麗清真寺Chor Minor。
3. 希瓦：舊城區可以走一遍。在西城門購買兩日券（35000 som），可以參觀所有的博物館和進入大部分的景點，除了陵寢和登塔需要另外收費。我們上去瞭望台是5000 som，建議在傍晚時爬上去，可以看日落。東城門旁邊有一個學院，每晚七點有傳統音樂表演半小時，但如果沒有很多遊客就不會表演。

食物

中亞的食物其實和亞洲食物有點像，所以吃起來滿習慣的。必吃的餐點有拉麵Lagman、抓飯Plov、俄羅斯餃子Manty、餃子Somsa、烤肉Shashlik。大部分的餐廳都會有這幾樣，味道不會差很多。

小叮嚀

1. 換匯：可以先向飯店詢問黑市大概匯率，再去換錢。路上和商店都會有人向你詢問是否要換錢，飯店可能也會提供換匯。先了解匯率再換錢才能避免被騙。

2. SIM卡：在烏茲別克的外國人沒辦法購買SIM卡，俄國人除外。

吉爾吉斯

簽證及居留規定

我們是找Stantour辦邀請函，帶著邀請函和2吋照片，到了機場直接可辦理落地簽（費用60美金）。提供邀請函的主要有兩家最大的旅行社Stantour及Advantour，要價100美金，但其實最後發邀請函的是吉爾吉斯當地的旅行社。我們的發函旅行社是C.A.T.（http://cat.kg, e-mail：travel@cat.kg），若是直接向他們申請邀請函，只要80美金，且後續的入境後居留申請也可以請他們幫忙處理。

注意：吉爾吉斯規定非90國名單內的外國旅客入境五日內要向移民機關註冊，規費120Som，目前台灣不在90國名單內，所以按規定必須註冊，否則出境時可能會面臨10000 Som（約台幣4,700元）的罰款，建議剛抵達比什凱克時可以預留兩、三天時間請發邀請函的旅行社代辦註冊（代辦費另加）。

交通

1. 在比什凱克，可以下載一個叫bus.kg的app，只要在地圖上點選你要去的地方，它會告訴你可以搭的小巴和路線圖，非常方便！而且搭乘小巴一次只要10 som。

2. 長途的交通我們都是坐小巴Marshrutka，因為便宜又方便，只是會比較擠。比什凱克的Marshrutka站位於Osh Market附近，前往伊賽克湖畔的基地Karakol需時5-6小時，價錢350

Som（約台幣160元）。

3. 從Karakol前往Kochkor可以搭乘Mashrutka經伊賽克湖西岸的城市Balykchy轉乘抵達，票價約300 Som（台幣140元），需時3小時左右。

4. 若從比什凱克出發前往Kochkor或要返回比什凱克可以選擇Mashrutka小巴或共乘計程車（Shared Taxi），共乘計程車雖然稍貴（約500Som／人），但可以省下許多等待的時間。

5. 從Kochkor上頌湖則只有雇自己車才有辦法上去，跟Kochkor CBT訂單程車上山為1000 Som，若要司機過夜帶你下山則需多付食宿費及等待費用。我們賭一把訂單程車上，結果因為季末幾乎山上沒什麼遊客可以讓我們併車下山，而有車的牧民又開高價2000 Som，搞得我們差點下不了山，幸虧遇到一位做基因研究的教授和其家人，願意讓我們一起搭車下山，才讓我們免於餐風露宿於頌湖畔。

6. 中亞的擋風玻璃破裂是很常見的，我們坐的車80%都有裂痕，因為路況不好乾脆不修理，形成很特別的風景。

換匯

不用像烏茲別克那樣找黑市，在這裡只要去銀行就換匯就可以了。

電話卡

超級便宜且有4G網路！推薦使用Beeline，網路需要每週加值。

餐廳

Karakol：Cafe Kench，這裡的義大利麵和Nasi Goreng超好吃，我們吃膩了吉爾吉斯的拉麵就來這裡解饞。

住宿

Karakol：Bed & Breakfast Nice（Abdrahmanov Street 81a，722200 Karakol）老闆人好英文也好，房間裝飾很現代，是我們在中亞住過最舒服乾淨的地方。

Kochkor：可以抵達Kochkor後向當地CBT訂房，他們會提供各種不同價位的選擇及照片讓你參考。

旅行社

大城市以外的地方都可以在CBT（http://cbtkyrgyzstan.

kg／）或是Shepherd's life找住宿和導遊。CBT（Community-based Tourism）是吉爾吉斯相當特殊的一個類旅行社組織，宗旨是藉由連結當地社區居民提供旅遊服務（導遊、登山嚮導、民宿），讓居民可以以最直接的方式受惠於旅遊業的收益。CBT在吉爾吉斯個許多城鎮都有據點，不過就我們親身體驗每個CBT品質良莠不一，所以讀者可以e-mail或到當地詢問後斟酌使用。

季節

頌湖只有6到9月的夏季才有牧民駐紮，且道路安全狀況許可才能雇車上山。像我們趕季末在9月28日上山，湖畔的牧民蒙古包聚落已所剩無幾，交通上找車也比較困難。

西伯利亞鐵道之旅

簽證

持中華民國護照需先辦理俄羅斯簽證，可找旅行社（如Stantour）申辦邀請函，其餘準備資料可參考莫斯科駐台北代表處的網站。

購票及路線

https://pass.rzd.ru/main-pass/public/en，在官方網站直接購買，現在已有英文版。

首先要了解鐵路的路線圖，再來決定要選哪一段，最多人推薦的是從蒙古的Ulaanbaatar坐到俄羅斯的Irkutsk（有東方小巴黎之稱，附近有著名的貝加爾湖），因為這段風景最美麗。從Irkutsk也可以繼續通往莫斯科和聖彼得堡，我們是坐飛機到Novosibirsk再搭西伯利亞鐵路往東到Irkutsk停留幾天。因此，想好目的地，再來規劃到底想體驗多久的火車之旅，那如果想要中途停車的話，就要分開買票。

小叮嚀

火車有中國和俄羅斯兩種類型，設備大致差不多，車廂可選擇一等、二等和三等，一等是兩人一個車廂，二等是四人房，三

等則是一整個沒有隔間的臥鋪。一等車廂當然是最舒服但是價格也貴，若選二等車廂，建議買下舖的位子，吃東西和進出會比較方便舒適，三等車廂則是可以和當地人交流互動，體驗最道地的火車之旅囉！

西伯利亞鐵路非常安全，每個車廂都有負責的人員管理和打掃，廁所也很乾淨，大部分的火車都是沒有淋浴間的。記得車上都有提供熱水，所以不想花錢買食物的話，就多帶一些泡麵和茶吧！

俄羅斯貝加爾湖區

景點

1. 伊爾庫茨克中央市場：這裡售賣許多俄羅斯遠東地區的各種農牧產品，是觀察庶民生活或享用庶名美食的好地方。

2. 奧克洪島（Olkhon Island）：位於貝加爾湖西側的大島，是親近貝加爾湖的最佳地點，若有時間的話推薦可到島上住宿，並參加民宿或旅行社安排的各種活動行程。

3. 李斯特維揚卡（Listvyanca）：從伊爾庫茨克出發往貝加爾湖較近的選擇，雖然可以當天來回，但還是推薦住宿一晚體驗湖畔的的晨昏變化，並且一定要品嘗貝加爾湖的特產白鮭料理。

住宿

1. 伊爾庫茨克：Hostels Rus，Irkutsk（UlitsaDzerzhinskogo 1, 664003 Irkutsk, Russia），剛開幕不久的青年旅館，設備新穎乾淨，老板人非常的熱情，可以提供許多旅遊相關的建議。

2. 李斯特維揚卡：Baikal Chalet Listvyanka（Gudina Street 75, 664033 Listvyanka, Russia），位於山坡上的木屋民宿，務必選擇有湖景的房間，視野很好，晚餐也推薦可以在這裡享用貝加爾白鮭。

餐廳

1. Figaro（Ulitsa Karla Marksa, 22, Irkutsk, Irkutskaya oblast', Russia,

664000），精緻美味的義大利
餐廳，服務很不錯，是嚐膩
俄羅斯料理想要轉換口味的
好地方。

2. Rassol'nik（Ulitsa 3 Iyulya, 3,
Irkutsk, Irkutskaya oblast', Russia,
664003），提供傳統的俄羅斯
食物，裝潢美麗富麗堂皇，
而且價格合理，非常推薦來
此用餐。

交通

　　伊爾庫茨克機場有國際航班
連結日本東京、韓國首爾、中國
北京、香港等城市，但大多數的
旅客會搭乘西伯利亞鐵路從蒙古
或北京前來，可以順道體驗鐵道
沿線的風光。從伊爾庫茨克前往
附近的奧克洪島或李斯特維揚卡
可以在中央市場或是城市東側的
巴士站搭乘小巴，沒有固定的時
刻表人滿後即出發。

亞美尼亞

簽證

　　持中華民國護照到亞美尼亞
免簽。

行程

1. 亞美尼亞很小，所以規劃並不
困難，除非要去比較遠的景
點，要不然住在首都葉里溫參
加一日團就可以了。

2. 推薦旅行社Hyur（www.
hyurservice.com），雖然我們兩
天遇到的導遊講解起來都很像
在背書並不生動，不過整體行
程還不錯。因為修道院景點太多
了，建議大家可以先看一下它

們有的行程，再去google哪個比
較想看。它也有三天兩夜去到
南邊比較遠的行程可參考。我
們參加了兩天的行程，一天去
Garni+Geghard+Lavash Baking，
洞穴式的Geghard非常值得，另
一天是Tsaghkadzor+Lake Seven
+Dilijan，湖邊的風景非常美
麗，也是必去之一。

3. 留一兩天在首都，有許多博物
館、歐式咖啡館及小酒館可以
造訪。

民宿

　　Mini Hostel Tigranyan 5（葉
里溫）

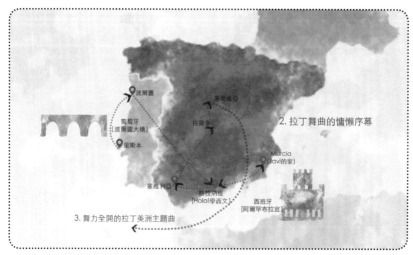

波爾圖

葡萄牙
[波爾圖大橋]

里斯本

托雷多

塞哥維亞

2. 拉丁舞曲的慵懶序幕

Murcia
(Javi的家)

塞維利亞

格拉納達
[Hola!學西文]

西班牙
[阿爾罕布拉宮]

3. 舞力全開的拉丁美洲主題曲

繪圖：Rosanne

　　11月中，我們來到西班牙南部小城市Murcia的友人Javi&Inma家度過週末，週六約好去Inma爸媽家吃午餐。大約下午一點多我們才抵達目的地，Inma的爸媽和哥哥妹妹給了我們熱情的兩個臉頰吻，一起熱鬧的吃了頓非常美味的西班牙燉飯。差不多三點半，長輩宣布要去siesta（午覺），其他人則把我們帶到客廳，指示我們脫下鞋子，在沙發上躺著休息。我們有點手足無措，不適應作客的時候還能睡午覺。但看著大家紛紛慵懶的在椅子上尋找睡覺的最適姿勢，以及朋友的不斷催促，我們就入境隨俗的跟著睡著了。

　　起床後，Inma用滿意的眼神看著我們：「有睡飽嗎？」

　　週日緊接著拜訪Javi的媽媽家，我們發現自己最後又結束在和大家一起在沙發上睡著的狀態。道地西班牙式作客行程看來也能一回生二回熟啊！

甜點、魔法與扒手
——葡萄牙

　　第三次來到伊比利半島，卻是第一次踏上葡萄牙的國土。

　　嗜吃如命的我們在波爾圖（Porto）的第一天就直接把葡萄牙出名的熱量爆表平民美食Francesinha當早餐享用，正方形的土司裡夾了火腿、肉片和香腸，外層再鋪上光滑誘人的起司，搭配啤酒做成的秘密配方醬汁，兩個人共食分量正好。

　　在波爾圖只有一天，我們為了效率直接報名一個評價很好的當地走路團（walking tour），意外吃到了一間隱藏在巷弄、只賣給團體的小店做的當地甜點nata de leche，那蛋糕完美融合了鮮奶油、餅乾和蛋黃，我才知道原來好吃到想哭是這種感覺。

　　已經不記得當時的導遊David介紹的景點和小故事，卻清楚記得他帶我們到一處高地眺望整個城市美景時，下方不遠處的街上兩個在拍雜誌的全裸女子。

　　哇！原來伊比利半島這麼不一樣。不過David表示這也是他第一次看到。

　　除了全裸女子，印象深刻的還有街上一群群穿著黑袍的大學生以及拿著木製大湯匙的帶頭學長姐，這樣的場景還真像置身霍格華茲魔法學校，而且市中心美麗的書店Livraria Lello更是讓我想到電影裡那會移動的樓梯。

　　波爾圖似乎比愛丁堡多了些魔法的影子，難怪JK羅琳會説這裡是她寫作的靈感來源。

　　一直以來對於葡萄牙的幻想就是一幅夕陽下、斜坡上、黃色電車
通過窄小巷子的情景。我們排了一小時總算坐上了著名的28號電車，
房子上的招牌不斷從車窗擦身而過，有時電車和路人的距離也不過30
公分。巷子兩旁色彩繽紛的細房子和天空中錯綜複雜的電車專用電線
和我想像中的一模一樣，只是回頭看到人滿為患的車廂，似乎也就沒
那麼浪漫了。

　　走在天橋上，還沒反應過來我就和對面的路人一起發出尖叫，竟是以前台灣的同事！晚上到她們住的地方敍舊，聽她說第一天剛到就差點被扒手偷錢包的過程，以及好心的當地人如何制止正在她身後偷偷拉開背包拉鍊的扒手。

　　沒想到第二天差點輪到我們。

　　前往觀光景點貝倫的電車人潮擁擠，我正和漢克聊天，突然覺得旁邊這個女子怎麼離我那麼近，還用東西遮住讓我看不見自己的外套口袋，我趕忙遠離她，好險口袋沒放什麼貴重物品。她和她的同夥在車廂前後移動，一直不下車，不久還準備朝另一個人的側背包下手。漢克用他凶惡的眼神緊緊盯著她，她氣的跑到另一個車廂通報她的同夥。

　　等我們下了車，吃到全世界最好吃的貝倫蛋塔之後，就把剛遇到的猖狂扒手全忘了。熱騰騰的酥脆塔皮配上不油膩又好吃的內餡，連不喜愛甜點的漢克都後悔沒多買幾個。

　　里斯本的住宿不便宜，因此當我們找到一間評價不錯卻異常便宜的住宿時，覺得有點擔心。這是一個位在中東區的老舊公寓二樓，環境非常簡單，共用的浴缸有不少破洞。一個有點像亞洲人的勤奮年輕人不是待在櫃台，就是在拖地打掃。看到牆上貼了許多宗教相關的照片和畫布，我們忍不住和他攀談幾句，才知道原來他是尼泊爾人，二十多歲。

　　「我純粹想來歐洲工作，選葡萄牙是因為這裡的移民條件比較容易。因為沒錢，只能先租下這層樓，簡單買幾個上下舖和沙發，沒辦法整修。」他用便宜的價格吸引客人，目前扣除租金還有小賺。我告訴他我覺得他好勇敢，一個人就這樣來打拼。他笑著說：「你們也可以啊！我們外國人之間要互相幫忙，你們如果以後想來，我可以幫你們。」

　　看著他樂觀的笑容，我突然體驗到人生真的沒有公式。舒適圈待久了，有時會忘記生活其實有很多種方式，沒有對錯，只需要少一點猶豫和多一點勇敢。旅行或許就是為了要提醒自己，人生有無限的可能。

　　回想我們走了 3 個月的旅程，我也開始思考旅行過後的可能性。

吉他、石頭街道、
白色的一千零一夜
──西班牙格拉那達

　　雖然喜歡葡萄牙，但是比起人口更多的西語區，學習西班牙文還是比較實用。我們聽了Javi & Inma的建議，選擇了格拉那達（Granada）作為我們的落腳地。

　　三週的西班牙文學習旅程就這樣在格拉那達展開。

　　奔走喘息於無止盡的上下坡階梯、驚險閃躲時刻可見的狗黃金、迷路於錯綜複雜的老城區成了我們的日常。老城區（Albaicin）是一個山丘，每天我們沿著石頭砌成的街道巷弄往上走到學校，經過最愛的咖啡館Cuatro Gatos喝一杯café con leché（咖啡加牛奶），下課後踏著輕鬆的步伐往下走，欣賞路旁爬滿藤蔓的白色房子，快速穿越擁擠的觀光商店街，吸一口熟悉的皮革味參雜隱約的大麻味，再隨意找個沒試過的tapas bar一人點一杯啤酒和小菜，最後在平坦又寬廣的新城區最便宜的超市Mercadona買晚餐的食材。

　　被摩爾人長期統治的西班牙南部安達魯西亞區（Andalucia）難得融合了穆斯林和基督歐洲風格，不論是作為堡壘的賽維亞王宮或是輝煌於13世紀Nasrid王朝的阿爾罕布拉皇宮（Alhambra）都讓這個區域多了一份浪漫與神秘。生活在阿拉伯風味十足的白色老城區，念著不時出現的阿拉伯文路名，這裡處處中世紀的影子令人不禁遙想當年阿拉伯人的輝煌。

　　白色的屋子、土黃色的磚瓦屋頂、外牆鑲嵌的黑柵欄小陽台，再掛上幾個鮮豔的盆栽，這是安達魯西亞的典型樣貌。放滿桌椅的各個廣場在正中午聚著七嘴八舌的人群，如此喧嘩的城鎮卻在每日2點多彷彿被施魔法一般的準時上演空城計，所有人全躲進室內siesta午睡，此時無論你是仙杜瑞拉或是王宮貴族，想買東西辦事情一律都要等到傍晚五點，店家懶洋洋的再度拉起鐵門之時。

　　西班牙式的生活像是被切成了兩半，這可一點也不阿拉伯風。

　　格拉那達在西班牙文的意思是紅石榴，它出現在皇宮裡、城市裡、以及西班牙的國徽上。紅石榴或許不那麼容易讓人聯想到西班牙，但是橄欖絕對可以。西班牙人熱愛橄欖的程度就如同我們不能沒有醬油一樣，餐桌上熱食和冷盤幾乎都少不了它的蹤跡。其實橄欖油之都Jaén離我們不遠，Jaén生產的橄欖油供應了世界至少五分之一的產量，第一次聽到這個數字還不相信，直到我們開車拜訪周遭的山城小鎮，才發現這裡唯一的風景真的只有山丘上綿延不斷的橄欖樹。

　　11月是橄欖豐收的季節，語言學校的負責人在某個星期五邀請所有的師生到他家郊區的農地採橄欖。大家6人一組，每組負責一排橄欖樹。首先，把一塊黑網子鋪在樹下，接著拿起長長的棍子順著樹枝的方向快速用力的往下打下去，這個瞬間用力的力道能讓橄欖和樹枝分離，掉落在黑網子上。一開始工作起來覺得非常新鮮，但是若要採收乾淨必須持續的快速用力打擊，我一下子就沒力氣也失去耐心，只好不時偷溜到旁邊休息。看著陽光下一粒粒黑色綠色的橄欖從網子裡被倒進桶子裡很有成就感，好似豐年祭。五個小時之後，全部的橄欖樹枝都空蕩蕩了。為了犒賞大家，老師煮了好大一鍋的海鮮燉飯，吃飽後大家或者玩球、或者坐著曬太陽，而老師們從頭到尾嘰嘰喳喳的聊天，你一句我一句，完全沒冷場的聊了兩個多小時。西班牙人果然是最會聊天的民族。

聊天不能缺少美食，西班牙美食其實是讓我們愛上這個國家的重要原因。不同於歐洲其他地方充斥著冰冷的三明治，西班牙熱騰騰的各種Tapas簡直是我們的救贖。經過當地朋友的介紹才知道格拉那達的Tapas原來是西班牙數一數二的便宜，在餐廳只要點一杯啤酒就會隨機贈送一盤Tapas，最重要的祕訣是點越多啤酒，贈送的食物會越來越高級。為了吃到不一樣的Tapas，我們只得撐著肚皮多喝幾杯啤酒。Tapas天堂的規定還真是讓人又愛又恨。

格拉那達的迷人，在於整個城市瀰漫的藝術創作氣息。郊區的白牆和餐廳的鐵門上有許多當地有名的街頭藝術家El Niño美麗的作品，讓我們特意花了一個下午走訪他畫筆下的街頭。來自不同國籍的藝術家則是隱藏於老城區的巷弄中，在地上擺放自己的獨特創作或是在空曠的廣場、窄小的石子路或偶然的轉角開一場音樂會。偶爾在學校外頭也來了演奏家，上課上到一半傳來的吉他旋律，讓我們的學習增添了一點屬於南歐的慵懶。

有一天上課，一位英國同學遲了一個小時才到，他提了一個大盒子匆忙的走進教室，還等不及老師問他，就興奮的跟我們分享他剛買的佛朗明哥舞鞋。老城區隔壁Sacromonte山坡的洞穴是過去吉普賽人的社區，佛朗明哥的音樂和舞蹈就是在這些沒有窗戶的洞穴裡逐漸發揚光大，在佛朗明哥的發源地學習舞蹈的精髓實在合適，或許我也該跟著報名。我買了當地最有名的佛朗明哥表演團體的門票，看著舞者投入的表情和手腳合一的踢踏舞步、搭配歌手沙啞的唱腔和吉他手高超的技巧，混著汗水、擊掌、Olé的喊聲，這般激情的演出深刻的感動觀眾的心中，一小時毫無冷場。欣賞佛朗明哥實在是五官的終極享受，不過若要真的學習跳舞嘛……還是下次吧。

音樂、舞蹈、皇宮、美食，我的一千零一夜到了尾聲，我們心滿意足地走下魔毯。

▌誰比較重視家庭？

　　Javi是漢克在比利時交換學生時住在同一棟公寓的室友，當年他邀請我們倆到他的家鄉Murcia度過聖誕節，後來我們結婚時他和女朋友Inma一起飛來台灣參加我們的婚禮，隔年換我們再度來到Murcia參加他們的婚禮，這次是第四次見面了。

　　每次不管待的時間有多短，他們一定會帶我們分別到兩邊的父母家吃飯，父母和兄弟姊妹總會熱情的招待我們，讓我們覺得也像是他們的好朋友。大家吃飯的時候一起分享最近的生活，你一句我一句，從來沒冷場過，每頓飯都像是一場派對。

　　西班牙人自己都說他們真的很吵。

　　每個周末再忙，全家人都一定會找時間一起吃頓飯，甚至把公司一個月的年假留給家人，大家一起在海邊租個小屋，慵懶地度過夏天。Javi也說他們身邊出國工作的朋友，總是待了幾年最後還是回到西班牙，因為不習慣外國的生活，也想念家鄉的親友。

　　難怪在新加坡工作的時候什麼國家的人都遇過，就是沒遇過西班牙人。

　　誰說華人最重視家庭生活？西班牙人從不提家庭倫理，卻是直接用行動來證明家人對他們的價值。

等不到的公車
——西班牙 Espera

　　白色似乎是地中海地區一貫的風格，但安達盧西亞的版本卻迥異於希臘的藍白，除了西班牙著名的「紅瓦白牆」之外，更讓人亮眼的是鑲嵌在牆上或地上的美麗阿拉伯圖樣磁磚拼貼，及許多融合了伊斯蘭風格的建築細節。穆斯林統治將近八百年的過往歷史，為安達盧西亞地區留下了豐富的文化遺產，更建造出了許多華麗精美的摩爾式建築，讓今日的我們有幸一睹那一千零一夜故事中阿拉伯王國的曾經風華。

　　也許是旅人性格的偏執，旅行越久，自以為是的我們就越不想往人多的地方擠去，而想要進一步探訪一些旅行團未曾踏足的靜謐之地。因此在安達盧西亞旅行的最後，落腳在賽維亞（Sevilla）的我們選擇了附近一個名不見經傳的小村莊Espera作為目的地，打算早上搭公車到那裏體驗最原汁原味的白色小鎮風情，下午再搭乘時刻表定上的公車前往距離不遠的懸崖小鎮Arcos de la Frontera，最後傍晚可以跳上回賽維亞的巴士，結束完美而充實的一天，多麼棒的計畫！

　　不過，計畫終究只是計畫，而時刻表也終究只是時刻表。

　　當我們結束了輕鬆愜意的Espera村莊小旅行，正開心探索了一個少有觀光客踏足的風光明媚之地，並依照剛剛下車前詢問司機所得到的站點及時刻前往等待公車時，才發現這是夢魘的開始。

　　超過了預定時刻半個小時，在站牌旁枯等的我們連一輛公車的影子都沒見到。焦急難耐之下只好厚著臉皮跑到斜對面營業中的酒吧，用我們殘破的西班牙文問那邊享受著啤酒的人們關於公車的資訊，眾人七嘴八舌，各有己見卻沒個標準答案，只是請我們到酒吧另一側的T字型路口等車，說是進出小村落的門戶，公車「應該」會經過。

　　也就是這個「應該」，讓我們晾在路邊又多當了半個小時活路牌。烈日當頭，我倆像無頭蒼蠅一樣不知道從哪裡去，呆站在路口，望著剛剛指引我們等車的人們，也只得到了聳聳肩的回應。

　　「不能再這樣等下去，要不然我們今天就回不了賽維亞了！不然試試Hitch-hiking（搭便車）吧！你去攔車！」克莉絲汀命令似地說道。臉皮薄如紙片的我縱然百般不情願，但想到今晚不知要露宿何方，只好鼓起勇氣向前走一步，豎起我的大拇指。

　　時間一點一滴的流逝，偶然經過的轎車大部分是呼嘯而過，即使少部分放慢車速的駕駛也只是對我們報以同情但無可奈何的表情繼續前進，這時的我大概已經習慣了被拒絕的感覺，拋開了所有的矜持，拉著克莉絲汀又往車道靠近了些，並大力揮動我豎著大拇指的雙手，期盼有那麼一位善良的駕駛願意為了我們踩下剎車，載我們一程。

　　「Hola？」就在經過了一小時的失敗，我和克莉絲汀兩人萬念俱灰時，終於有一輛小轎車放慢了速度。「我們想要去Arcos de la Frontera，但等不到公車已經快兩個小時了，如果你們也往那個方向的話可否搭你們的車？」我們用著將近哀求的神情對著車內的兩位大男生問道。「沒問題！我們剛好要往那個方向去，但是不會進入Arcos de la Frontera，把你們放在城市的入口你們再走進去可以嗎？」欣喜若狂的我們當然點頭如搗蒜地連忙說好，滿懷感恩的鑽進了車後座。這兩位大男生分別來自比利時和西班牙，他們告訴我們在西班牙很少有人在路邊攔便車，駕駛通常也不太願意冒險載人，而在這荒郊小村要攔到車更是難上加難阿！

　　一眨眼二十分鐘車子就到了Arcos de la Frontera的入口，大力道謝下了車的我和克莉絲汀心中除了滿滿的感激外，更多了一份小小的成就感：人生第一次豎大拇指攔

便車的任務達成！沒想到真不是一件容易的事啊！這讓我們想起了之前
旅程在吉爾吉斯認識的法國人S先生，他的旅程從法國出發，一路搭了
上千次的便車穿過南歐、土耳其、古絲路最終抵達中國，這樣的任務在
嘗試了第一次搭便車就暈頭轉向的我們看來，簡直是登陸月球等級的壯
舉，只得欽佩萬分。

　　這段在Espera的等車故事固然在我們的旅程中微不足道，但卻是我
們記憶最深刻的片段之一，而那些幫助我們的人們，更是旅途中最美麗
的風景。

　　忘了說，Espera在西文中的意思就是「等待」，會發生這段小插曲
看來也不足為奇了。

私房旅遊攻略

葡萄牙

波爾圖walking tour：Porto Walker。
網址：https://www.portowalkers.pt/

西班牙

1. 格拉那達Granada餐廳推薦：
   Restaurante Boabdil、Bodegas
   Castañeda、Bar Casa julio的食物
   都很好吃，進到這些小酒館只
   要點一杯caña（小杯啤酒），
   餐廳就會贈送一小盤tapas，點
   越多啤酒，贈送的tapas會越來
   越精緻喔！

2. 安達盧西亞地區擁有許多美麗
   的地中海摩爾風格白色小鎮，
   由於景點分散且交通不便，非
   常建議租車一次玩遍想去的地
   方。不過因為山區小鎮常巷道
   狹小且停車困難，且若路況或

   交通規則不熟易生小事故，建
   議租車的時候要依個人的需求
   衡量是否有加買保險的必要。

3. 必訪白色小鎮推薦：Las Alpujarras
   位於格拉那達南部內華達山區
   （Sierra Nevada）的一連串小
   鎮群，是以格拉那達為基地非
   常適合的一日遊秘境，其中筆
   者造訪過並推薦給大家如下：

   (1) Trevelez：以醃製火腿聞名
   的內華達山區最高小村莊，
   非常建議參觀這裡的火腿
   工廠Jamones Cano González
   （Calle Pista del Barrio Medio,

18, BAJO, 18417 Trevélez, Granada），可以了解火腿的製造過程並看到一整片正在風乾的西班牙火腿，若喜歡吃生火腿的話更可以購買回住宿的飯店享用，搭配西班牙產的香醇紅酒保證絕配。村莊裡的餐廳Meson Haraicel也是用午餐的好地點（Calle Real, S/N, 18417 Trevélez, Granada）。

(2) Capileira：安靜的小村莊，市中心的小教堂周圍有數家咖啡廳可以讓人度過一個悠閒的下午，也有許多紀念品商店可以慢慢逛，相當推薦。

(3) Pampaneira：以彩色地毯及皮革製品聞名的小鎮，是通往Trevelez及Capileira的門戶，可當過路休息。鎮內古老的石頭巷弄錯綜複雜，讓人很容易迷失在一片白色的美麗當中。鎮上的巧克力製作工坊Abuela lli Chocolates（Plaza de la Libertad 1）也是品嘗巧克力的好地方。

Chapter 03

／舞力全開的拉丁美洲主題曲

繪圖：Rosanne

　　前往書上說的一個漂亮、可以釣鱒魚的湖邊小鎮，車上乘客總共只有4人，一個小時的路程加上半個小時的顛波泥土路，來到一個杳無人煙的地方。再三跟司機確認下午回程的唯一班次時間，我們才放心的開始探險。因為路上幾乎沒人，當我看到第一間餐廳出現在眼前時就趕緊走上前確認開門時間，深怕這看似小鎮唯一的餐廳沒有開門。

　　結果玻璃門上吊著一個手寫的小黑板：

開門時間：大概12點

　　這種事也只有拉丁美洲人做的出來吧！

（笑）

酒後微醺的探戈時光
——阿根廷布宜諾斯艾利斯

　　如果說南美洲經濟最發達的智利首都聖地牙哥是一個正值壯年的有為青年，那阿根廷的首都布宜諾斯艾利斯就是一個風韻猶存的嫵媚女人。

　　Buenos Aires，在西班牙文是好空氣的意思。我沒有感受到空氣是否特別好，但這裡無疑是我最愛的南美洲城市。

　　一切都從La Boca開始。

　　阿根廷是個移民社會，尤其以歐洲裔最多，也因此這裡的居民多半為白人。在18和19世紀阿根廷熱情歡迎歐洲移民，尤其是北歐人和西歐人，希望透過他們帶來強盛國力，結果最後來的歐洲人幾乎是義大利人。當時政府大力保證移民可以擁有房子和工作機會等承諾，也在移民千里迢迢坐船、帶著滿滿希望準備展開新生活之時化為烏有。沒了政府的幫助，移民們只好在登陸的港口旁努力求生存，也就是現在的La Boca區。

　　因為沒錢，大部分人在船上工作，下班後拿船上不要的鐵皮來蓋房子，再拿用不完的油漆塗外牆。十幾個男人擠在小小的房間裡，甚至床都要共用，早班的出門上班，晚班的下班剛好回來休息，所以當時大家都開玩笑說他們睡的床永遠是溫熱的。看著這區五顏六色的鐵皮屋，不難想像當時的情景。

　　港口旁矗立著一個人的雕像，他是Benito Quinquela Martín，出生於La Boca的知名畫家。當他的出生地漸漸和犯罪及危險畫上等號之時，他決定回來幫助他的家鄉，不僅買地蓋醫院，更將整個區域塗得色彩繽紛，讓這裡得以告別黑暗，也讓我們如今能夠欣賞這色彩繽紛的港口。

　　雖然La Boca觀光區多了很多維持秩序的警察，不過若是踏入不該進入的巷子還是很危險的，所以我們只能坐計程車悄悄的來參加 tour，再搭上計程車離開。

　　但不是每個移民都很貧窮，有些在歐洲當不了貴族的有錢人，也來這裡展開新生活，砸錢蓋個城堡，再宣稱自己是法國貴族的後裔。北邊Retiro區街上的歐風城堡就是這樣來的，現在許多建築已改為政府辦公室、外國大使館和高級飯店。

　　人生不過是一場金錢與時間的拉鋸戰，不論是用時間換金錢，或是花錢買時間，最終都敵不過死亡來敲門，而阿根廷人連離開也要走得優雅。在Recoleta區我看到了全世界最美麗的墓園，或許不該說是墓園，而是一個縮小版的社區。這裡有整齊的方格街區和大廣場，每條街都有名字，華麗且與眾不同的建築一字排開，往其中一間房子內仔細一看可以看到全家族的棺木都擺放在房子裡而不是埋在土裡，不知道當夜晚來臨時，這個社區是否會熱鬧起來呢？

　　說真的，夜晚才是布宜諾斯艾利斯展現她魅力的時候。

　　探戈是布宜諾斯艾利斯當之無愧的最佳代表。這是早期低階層的移民和工人在La Boca無聊時發展出來的娛樂，由於以前在港口工作和居住的都是男人，所以跳探戈除了和妓女跳，就是兩個男人一起跳，和現在很不一樣。

　　在Palermo Viejo區先吃一頓牛排配上紅酒，再到Milonga跳舞是最完美的安排。

　　Milonga指的是跳舞和表演的俱樂部，除了自由跳舞還提供舞蹈課，能在探戈的發源地學習探戈再浪漫不過了。第一堂探戈課初學班，我們和另一對也來旅遊的義大利情侶一起學習，老師一個半小時一連教了3個舞步，每一拍有七步，男伴全身挺直，女伴則負責扭動腳和臀部，除了和自己的舞伴培養默契，還要交換舞伴，和陌生人也必須能配合。只要不想著自己正穿著登山鞋和排汗長褲跳舞，一切其實都非常完美。

　　一小時後，主題從探戈換成Swing，節奏很快，要一直彈跳。再過一小時是熱情的Salsa，旋轉與扭動。在雷射燈光的閃爍下，我不用擔心自己沒跳過，因為這裡永遠有容納初學者的空間，我只要好好享受舞動的當下。

　　和不同的舞伴跳舞原來這麼有樂趣。老爺爺和年輕人都有，有學很快的也有跟不上節拍的，反正只要喜歡跳舞，誰都可以加入。第一個舞伴A先生身體挺得好直好僵硬，逼得我不得不跟著抬頭挺胸；下一個B先生節拍跟不上，一直亂跳；C先生有口臭，還大聲喊著1 2 3 4 5 6 7；D先生顧著聊天就忘了舞步；E先生一句話都不說，全程低頭看腳；F先生拉著我一直不小心撞到別人；G先生好高，腳步大得我都跟不上。最後轉回漢克，跳起來最自在。四天三夜的首都之旅，我們每天晚上都跑來這裡，意猶未盡。

　　為了這裡的Milonga，我願意住在布宜諾斯艾利斯。

　　才短短的幾天，我儼然已經被這個地方迷倒。還沒提到由歌劇院改建、全世界最美麗的書店El Ateneo Grand Splendid、以及淘寶好去處的古董街等等。就算阿根廷的經濟每況愈下，但這個風韻猶存的女人似乎依舊不改她的浪漫不羈。

　　只有去過一次才知道，南美的巴黎比真正的巴黎更值得遊客駐足。

好酒好肉好地方，Cafayate ──阿根廷

　　若是對阿根廷稍微了解的遊客一定知道南部巴塔哥尼亞的Calafate，那裡著名的莫雷諾冰川是必訪之地，至於與它名字相近的Cafayate卻鮮為人知。名字看似類似，地理位置可是天差地遠。

　　會來到這裡，得感謝在西班牙格拉那達透過沙發衝浪網站認識的一位阿根廷瑜珈老師Sandra，聽到我們要去阿根廷，她向我們大力推薦這個位在西北高原的沙漠小鎮。

　　至今，我們都很感謝她，讓我們一窺這個桃花源的美好。

▌ 充滿故事書的藝術小鎮

　　牆壁的塗鴉常常讓我毫不保留的愛上一個地方，格拉那達是這樣，布宜諾斯艾利斯的La Boca是這樣，這裡也是。格拉那達的塗鴉展現的是西班牙的生活態度、La Boca的塗鴉沉默的說出人民對政府的不滿、Cafayate的塗鴉則是優雅的講述當地的故事。

　　充滿色彩的作品有些以西北高原的沙漠作為背景，或是利用這裡盛產的葡萄酒為題材，特別的是許多圖案的旁邊會附帶一段文字，整面牆成了戶外的故事書，讓讀者看圖說故事。

　　不論是塗鴉上的文字、商店的招牌或政府的公告，創作者似乎很用心挑選字體，每種字體都別有特色，處處展現小鎮的可愛，也讓我的快門停不下來。小鎮雖小，但光是這些小細節就足以讓人流連。晚上回到民宿，發現老闆拿著油漆在隔壁房間刷油漆。

　　看來塗鴉或塗漆是每個人都要會的日常工作。

▎讓我瘋狂的駱馬酒莊

原來Cafayate也產酒，意料之外的酒莊之旅讓我們興奮不已。在眾多的酒莊中，我們選擇離市區1公里多、走路可抵達的Finca Quara酒莊。平時走個2-3公里完全不是問題，但是我們卻忘了這裡是乾燥炎熱的西北高原沙漠區。正中午，才走不到300公尺就揮汗如雨、口乾舌燥，很快的喝光我們攜帶的1.5升礦泉水。走了600公尺後出了小鎮範圍，沒有賣水的商店，只剩下毫無樹蔭的產業道路、偶爾呼嘯而過的幾台車、和我們。

到了酒莊門口，剛好趕上午休前最後一個參觀時段，跟著解說員一路從葡萄園到工廠，我們努力的從西班牙文解說中抓出一些聽得懂的單字。到了關鍵的品酒時刻，我們發現這個酒莊的酒標竟然是超級可愛的駱馬！還沒喝到酒我已經想把全部的酒都買起來收藏。這區有名的年輕白酒Torrontes喝起來甜甜的非常清爽，另一款紅酒也很順口，而且價錢超親民。可惜我們還在旅程中，只能買今年產的最熱銷白酒，一瓶不到台幣100元。走出酒莊，跟我們一起參觀的遊客一溜煙的跑到車上，呼嘯而去，留下我們、跟同樣那1公里多熾熱烈陽下回家的路。

　　為了犒賞今日的辛苦，晚上我們在主廣場的餐廳吃晚餐，大家都說阿根廷的牛排很有名，我們當然一定要點牛排不可。揉揉眼睛以為看錯菜單，沙朗牛排竟然只要不到台幣300元，馬上毫不猶豫點下去。待主角牛排上桌，那勻稱誘人的油花，在刀子切下的瞬間噴發，搭上附送的海鹽，齒頰留香的幸福感讓我們差點流淚，而這令人驚豔的美味，配上一杯當地產的紅酒（只要70元台幣！），更是無與倫比的絕配。

　　阿根廷果然是名不虛傳的牛肉天堂。

▌輕快的當地鄉村音樂Peña

　　民宿老闆娘突然問我們喜不喜歡Peña？上網查了一下，原來Peña是當地的傳統音樂表演，使用傳統樂器和吉他，演奏各地的歌曲。她大力推薦我們到附近一家餐廳欣賞表演，餓著肚子來到九點才開門的餐廳，我們居然是第一個客人，一直到十點多其他客人才陸續入場。後來才知道阿根廷繼承了西班牙的飲食傳統，大家都是9點到11點才吃晚餐。

　　終於吉他手緩緩走到舞台前，開始了一晚的民俗歌謠表演。不同於西班牙的拉丁音樂，Peña歌曲的律動感沒那麼強，更多的是愉悅和輕快的節奏，從歌詞中的地名還可以判斷是哪個地方的音樂，我們有聽到Salta、Cordoba等等城市名字，在座的客人不分老少也會跟著哼唱，歌手和聽眾有很多互動，甚至會一桌桌打招呼聊個天，氣氛非常熱絡。將近凌晨12點準備結帳時，我們竟然是最早離席的，因而引來全場揮手跟我們說再見。好可愛的人們。

　　沒想到Cafayate這個小地方能為我們創造這麼多難忘的回憶。

一點都不高原的奇幻旅程
——阿根廷西北高原

西北高原是由兩個省Salta和Jujuy組成（J在西班牙文發h，所以要念「胡灰」不是「啾啾」），除了兩省最大的城市之外，其他都是小村莊，有多小？大概是5-10條街以內的範圍。

高原聽起來像是寒冷版的草原，我心中想的是風吹草低見牛羊的景色。

結果下了巴士，迎接我的是塵土飛揚毫無綠意的泥土路以及讓我睜不開眼睛的毒辣陽光。拖著行李走在崎嶇不平的黃土路上，原來這裡是沙漠版的高原。

選擇住在一個叫做Tilcara的村莊，兩個來自首都布宜諾斯艾利斯的年輕情侶租下了老房子開的民宿，房子外觀是他們兩人創意的油漆塗鴉，給人活力又明亮的第一印象，進到共用廚房區，天花板上吊著一個又一個的黏鼠板，上面黏著滿滿的蒼蠅，但還是無法阻擋滿屋子飛的蒼蠅大軍。來到我們的房間，拿起床上的毛巾擦汗，一股濃厚的狗味。

未來四天應該不是很舒適。

▌在印加遺跡的仙人掌秘密

印加帝國從秘魯的庫斯科延伸到了阿根廷的Tilcara，今天我們要去參觀一個古代印加行政中心的遺跡Pucara。民宿的年輕老闆指引我們沿著這條路走出村莊，再經過一條河流，一直往上走就到了。忘記戴墨鏡的我就算把帽子壓得低低的，還是被地面的反射光線刺得眼淚直流。等

我們到了那座橋，才發現原來他說的河流，其實是乾枯的河道，看起來像是尚未完工、充滿砂石堆的工地。河流對於沙漠地區，不是每天都有。

據說這個印加聚落在強盛時期擴張到18公頃，現在只剩一些荒廢的石頭屋、牆壁和階梯。雖然外面炎熱到窒息，但只要走進石屋就變得像在冷氣房一樣涼快，也難怪當地居民到現在還是遵循老祖先的方式蓋石頭屋。遊走在遺跡之中，不時看到巨大又奇形怪狀、酷似比中指的仙人掌。

回去問民宿主人：「為什麼Pucara那麼多仙人掌啊？」他說：「這裡有一個關於仙人掌的傳說。以前的人都會在家裡種仙人掌，若要搬家也會把仙人掌帶走。所以有一句話這麼說──有仙人掌的地方就有人。這樣你知道Pucara為什麼還有那麼多仙人掌了吧！」

希望我今天沒有打擾到裡面的住戶。

喝馬黛茶、嚼古柯葉、與蒼蠅共食

　　那天下午實在太熱了，我們提前溜回民宿休息。民宿老闆坐在廚房裡，「要不要來點馬黛（Mate）？」他手拿一個像花瓶的杯子，上面是一根不銹鋼吸管，吸嘴扁扁的，我看到杯子裡都是茶葉，沒有過濾網。他可能看出我的疑惑，說「吸管下面有濾網啦！所以你一定要用吸管喝茶。」第一次用吸管喝熱茶，吸了一口，還真苦啊！這竟然是阿根廷的國民茶。許多人甚至會帶著熱水瓶出門，就是為了要隨時泡馬黛茶呢！

　　我曾經看過好幾個人共同傳遞享用一杯馬黛茶，這是阿根廷展現好客的方式。

　　桌上還有一包葉子，我興奮的問：「這是傳說中的古柯葉嗎？」南美安地斯山脈的可可葉是製作古柯鹼的原料，但是葉子本身無毒無害，是重要的抗高山症必備食品，當地人除了泡成茶喝，也會直接把葉子放在嘴裡含著，有些老人甚至會嚼一大堆，塞得嘴巴鼓鼓的。我得到主人的許可，放了5片葉子在牙齒旁邊謹慎的含著，是一種很難形容的茶味，跟烏龍茶葉比起來清淡不少。這味我喜歡。

　　老闆叮嚀著：「記得到了平地要把葉子丟掉，在平地這可算是違禁品喔！」

　　那個下午我們聊得很開心，就和老闆情侶檔相約第二天一起午餐，來個正宗阿根廷BBQ烤肉。次日中午時分，我們來到民宿後院，只見男生熟練的生火，再把燒得紅通通的木炭平均的鋪平整個烤肉架，我探頭尋找他們早上去採購的烤肉食材，有各式各樣的牛肉部位，還有血腸，看起來阿根廷人的食量很大，這個分量根本是8人分吧！

　　鮮紅的牛肉表面是滿滿的一片蒼蠅，趕也趕不完，血水加蒼蠅的景象，讓我食慾減低了不少。等到牛肉烤好上桌，也無法驅散頻頻來偷吃

我盤裡牛肉的蒼蠅，女生說：「不用趕蒼蠅了啦！這很正常，因為我們附近是西北高原的垃圾場，所以蒼蠅很多的。」

　　和蒼蠅一起享用那麼多牛肉，我實在不想再吃牛肉了，找到一家賣辣雞飯的小餐館，正感動地享受這份味道非常亞洲菜口味的雞飯，卻突然發現飯裡有一隻炒蒼蠅，我馬上反胃。好一個陰魂不散。指著蒼蠅向服務生抱怨，竟得到「噢！這難免啦！」的回應，讓我哭笑不得。我也只能安慰自己在這個乾燥到極致的沙漠環境，或許細菌比較少吧。

▍阿里山的姑娘在Tilcara

　　當地人都推薦我們去Chuspita這間餐廳聽一場民俗音樂peña，十點抵達的時候幾乎已經滿座，台上團體彈吉他、打鼓、唱民俗音樂、吹奏不同的傳統樂器，這些外表看似簡單的當地樂器竟能演奏出這麼複雜的旋律和音色，好令人著迷。他們還拿出長達10公尺的喇叭吹出低沉的音

色，演奏的時候樂器的尾端幾乎可以橫掃全場。

　　表演11點多結束後，餐廳老闆走過來我們這桌，一開口就說他去過台灣三次。怎麼可能會有一個在遙遠阿根廷西北高原的老爺爺去過台灣三次！看我們一副不相信的臉，他跑去車上拿了兩個傳統樂器，開始在我們身旁吹奏「朋友」跟「阿里山的姑娘」，聽到他不費功夫就把這兩首歌演奏出來真的讓我們嚇一跳。接著他再從餐廳後面拿出一大堆佛光山的輕音樂卡帶，說他之前都去高雄佛光山做音樂交流。這下我們可信了，我問他有沒有機器可以播這些古老的卡帶，他說「沒有啊！阿彌陀佛」。他無厘頭的回應讓我們都笑了。最後，他留下whatsapp和臉書帳號給我們，說如果在阿根廷有問題都可以找他。喝著紅酒，微醺的在世界的角落聊音樂聊台灣，好像一場夢。此時真慶幸我們會說一些西班牙文，為人生開啟了新的世界。

　　最後一天，我們到車站買回程的車票，總共34元，我們拿出50元，結果售票員說他只有15元不夠找錢，接著在我們的車票上寫了「欠1元」，請我們過一兩個小時再來找她拿。

　　在西北高原什麼事情都可能發生啊！

肉食者和酒鬼的天堂
——阿根廷

▌阿根廷烤肉（Asado）

　　「Todo sobre el asado（一切與烤肉相關的東西）」是一部阿根廷的紀錄片，記述整個阿根廷烤肉產業鏈的生態，但我認為若把片名反過來改成「一切東西都與烤肉相關」，會更精確地描述我們在阿根廷旅行一個月的體驗。

　　無肉不歡，是我們對大部分阿根廷人的印象，而阿根廷式烤肉（Asado），更可說是這個國家最深層的靈魂。「我無法忍受一餐沒有肉！我愛肉！」是我們從許多阿根廷人口中得到的回應，不同於台灣人飲食習慣的三菜一肉，阿根廷日常的一餐常常是四肉一菜，這個民族對於肉的狂熱，可見一斑。而「烤肉」這件事，對阿根廷人來說更是一件神聖的任務，也是周末家族或朋友聚會的主軸，各家的男主人，也許對日常做菜一竅不通，但一講到烤肉，每個人的眼睛都亮了起來，不僅各個烤得一手好肉，談到他們烤肉的高超技巧和生火選木材的獨到眼光，無不口沫橫飛，欲罷不能。

　　阿根廷人口中的「肉」（Carne），更精確地來說就等同牛肉。對於喜愛吃豬肉的我，每次在餐廳詢問carne是哪一種肉，得到的答案總是千篇一律——牛肉，久而久之我也就放棄了。畢竟，在這個「以牛立國」的國度，好好的享受高級的牛肉品質和滋味才是上策。曾經問接待我們的民宿主人，為什麼在餐廳和超級市場要找到豬肉如此不易，他聳

聳肩，說道：「就是沒這麼愛。」

　　一餐完整的阿根廷烤肉Asado，通常包含數種不同的牛肉部位，和2-3種牛肉香腸與血腸。第一次吃烤肉經驗是在阿根廷西北高原接受民宿主人的Asado午餐邀約，原本以為會是切好的牛排肉片在烤爐上慢烤，但當我們見到兩大塊紮紮實實沒有處理過的牛肉以及多種不知部位的肉塊出現在眼前時，才真正體會到阿根廷烤肉的隨興豪邁風格，也領教到在這個國度，吃肉的額度永遠沒有極限，烤肉餐的分量之大讓我們從來連一半都無法吃完。雖說如此，阿根廷牛肉的高品質，還有「烤肉師傅們」對牛肉處理及烤肉技巧的極致講究，加上總是離不開烤肉派對的香醇紅酒及探戈音樂，都是讓離開阿根廷的我們最久久無法忘懷的地道風情。

　　在阿根廷，烤肉是一門藝術，更是一種深植人心的生活模式。

▍只有牛肉嗎？

　　阿根廷料理的大主調是牛肉，但它在南美洲得天獨厚的廣袤土地，及地形氣候的高度多樣性等先天優勢，因而得以在不同地區譜出各種在地小調。

　　在終年寒風凜凜的巴塔哥尼亞地區，溫補的烤全羊就成了令人垂涎的美味尤物。走在卡拉法特（Calafate）主要大街上，凍人的寒風迎面襲來，讓人招架不住，此時映入眼簾恰巧是烤全羊店的櫥窗，特製的

巴塔哥尼亞十字烤架，串著一整隻全羊，地下的火紅炭木燒得正旺，我巴著一層玻璃癡癡看著，彷彿能聽到那被逼出的肥羊油脂滋滋作響的聲音，「啊！這時候能吃一口該有多好。」我轉頭望向克莉絲汀如此說。

　　而接壤在巴塔哥尼亞之北的是有阿根廷小瑞士之稱的湖區，因為連綿不盡的湖泊，盛產彩虹鱒魚。一心嚮往親手釣上一條肥滋滋鱒魚的我，原本打算在這裡圓夢，但無奈費用實在過高，且對於釣魚基礎操作了解過於粗淺，只好作罷。轉念一想，釣不成只好吃牠個一頓，於是在湖區南邊小鎮艾波爾松（El Bolson），我們特地找了一家賣彩虹鱒魚的餐廳，大快朵頤享受那油脂飽滿且極嫩的魚肉。再一次，阿根廷連鱒魚的體型都大得嚇人，一條鱒魚兩人分食竟都無法吃完。

　　拉回到首都布宜諾斯艾利斯，滿街的Pasta（阿根廷的Pasta，可不是我們想像中的長條義大利麵，而是義大利麵餃。）和Pizza餐廳可能會讓你以為來到了義大利。的確，有著眾多義大利移民後裔的布都，不僅西班牙文帶著濃厚的義大利腔，連飲食更是深受義式風格的影響。不管你到都市裡的哪間餐館，Pasta、Pizza和義式濃縮咖啡總是菜單上常駐的選項。不過，我的偏執告訴我不要在布宜諾斯艾利斯點義大利菜，作為這個牛肉之國的首都，遍地開花的高品質Asado餐廳，才是唯一選項。

　　極北的阿根廷西北高原，位於安地斯山脈的最南端，這裡的料理則完全迥異於其他地區，高海拔的作物及駱馬（Llama）成了主要的食材來源，而長時間燉煮食材則是風行的料理風格。我們人生第一次的駱馬燉肉體驗就在此，在高原小村莊Purmamarca，燉煮至軟嫩的美味駱馬肉搭上番茄紅蘿蔔蔬菜醬底，成了我們對此處最鮮明的回憶。

　　以牛肉為主的大調，配上地區料理多采多姿的小調音符，譜成了一曲最動聽的阿根廷美食之歌。

▊ 醉愛阿根廷

　　以前總是在超市的架上看著一瓶又一瓶的Malbec紅酒，卻無法想像這些佳釀是來自如此遙遠的阿根廷大地。若你鍾愛葡萄酒，那來到阿根廷一定要造訪Malbec紅酒的故鄉－門多薩（Mendoza）。踏上一台單車，在微涼的風中穿梭在門多薩地區眾多傳統悠久的酒莊之間，舉杯試飲那一杯杯陳釀的香醇，望著遠方白雪皚皚的南美最高峰阿空加瓜峰，恣意人生享受，莫過於此。

　　美酒配美食，阿根廷的Asado肉食饗宴，配上極品的門多薩Malbec佳釀，更讓我們的味蕾體驗提升到了另一個人生新高點。

　　你說，我怎能不「醉」愛阿根廷呢？

讚嘆巴塔哥尼亞
──智利 × 阿根廷

　　巴塔哥尼亞區是每個到智利或阿根廷的遊客必訪之處。從我們進入巴塔哥尼亞的第一站城市巴里洛切（San Carlos de Bariloche）開始，就感受到它的不一樣了。

　　12月本應該是艷陽高照的夏天，這裡的風卻呼呼吹的像颱風天，讓我不得不穿上羽絨外套。城市依著高山和湖水而建，感覺和大自然更加的親近，不僅人口數驟減，在超市甚至為了環境友善而完全看不見塑膠袋。

　　重點還是那美得驚人的莫雷諾冰川，從小到大只見過一整條河川，還沒見過一整條冰川，好似尖銳的刀子般矗立在河上，看不到邊際。當冰川與河水交界的冰塊崩裂而掉入水中時，聽到的不是預期的撲通聲，而是轟轟的雷響。

　　我們跟著導遊走在冰川上，每個人都得穿上冰刀鞋、戴上手套避免被冰塊割傷。在冰川上的河水藍得徹底，乾淨的一點有機物都沒有。導遊隨手挖了一碗冰塊，加在威士忌裡招待大家喝，一聲cheers成了一生的回憶。

　　巴塔哥尼亞不僅是風景的饗宴，更是體力的考驗。不論是智利還是阿根廷，為了欣賞有名的山峰和湛藍的冰河湖，我們得多次遠征21公里的山路。每次高大的西方人一個箭步超越我們，就氣餒自己的短腿，更生氣為了省錢沒租登山杖，結果下山的時候膝蓋直發抖。途中遇到一個白髮斑斑的以色列老人，稍微聊了一下，他就飛速的消失不見，結果我們還沒走到山頂，再度遇到已經下山要往回走的他，還開玩

笑般的說我們怎麼那麼慢。

　　走得再快還是敵不過天生的短腿劣勢……突然想起大學時期和一群歐洲朋友在瑞典健行，不論男女身高都至少170公分，我簡直是整天都在小跑步才勉強跟得上，實在是另一個噩夢啊！

　　烏蘇懷亞是巴塔哥尼亞的最南端，世界的角落，也是通往南極的主要港口。天氣依舊是一日四季，一下子風大得睜不開眼睛、時而瞬間暴雨、又或莫名大晴天，我一面吃著沒台灣海鮮味道鮮美的南極帝王蟹，一面向漢克抱怨快受不了這鬼天氣，漢克卻只是看著遠方剛駛入港的國家地理頻道南極探險船，落寞的說：「好可惜這次沒辦法去南極。」

　　極度會暈船、完全沒把南極列入旅遊清單的我只好安慰的說：「你過幾年再找朋友來一場南極探險吧！」

火山的祝福，安提瓜
——瓜地馬拉

安提瓜（Antigua），老舊的意思，因為它曾經是瓜地馬拉的首府。

這是一個被火山包圍的城市，在市區不管走到哪，抬頭都可以看見離我們最近、叫做水火山的火山，它雄偉莊嚴的俯視著安提瓜，每天都展現不同的面貌，偶爾頭上會冒出小團的白煙，看似在提醒居民們它還在呼吸。

　　我們住在一個離市區10分鐘走路距離的homestay，小小的家竟然住了9個外國學生。第一天，homestay媽媽從我的房間掃出一大堆前人留下來的垃圾，然後問我：「需要幫你換床單嗎？」

　　住宿環境不大乾淨，唯一能期待的就只有伙食，home媽的手藝不錯，但分量是給3歲小孩吃的。我們常常先在外面吃一餐，再回家把她準備的食物當點心吃，才不至於餓肚子。這讓我想起小時候去加拿大遊學的際遇，也是遇到了這樣的home媽，可憐的是當時才12歲，不敢自己溜去外面覓食，只好吃零食解飢。

　　有一天，桌上出現了像粽子一樣的晚餐，光看外表就引出了我的鄉愁。吃了幾口，發現裡面有包豬肉，而外面那層不是糯米，而是用玉米粉做成的。我急切的想知道這是什麼，home媽說：「Tamale，做起來很耗時間的東西。」從此之後，我在中南美洲其他國家只要看到tamale絕對不會錯過，雖然味道有些許不同，但都是我的最愛。

　　旅行結束後，我再一次看到tamale竟然是在迪士尼的卡通可可夜總會（Coco），好懷念。

　　晚餐後，我們幾乎不出門。瓜地馬拉最危險的地方是首都，但安提瓜也安全不到哪裡，我們待的那一周就有三個外國女生大白天當街被搶劫，難怪這裡的商家和銀行的門口都有持槍警衛，每次經過他們我總會不自覺的好奇那到底是真槍還是假的。

　　安提瓜的殖民色彩濃厚，市區的建築幾乎不超過兩層，牆壁塗上世界遺產組織（UNESCO）規定的色彩，以確保維持古城的歷史樣貌。不知道是不是因為這裡的美麗，讓安提瓜成為外國人學習西班牙文的熱門地點。居民大概也習慣了眾多來學語言的陌生面孔，我記得某天去商店加值SIM卡的時候，店員還直接糾正我說錯的文法。

　　真是可愛又熱情。

　　農曆除夕這天，我們兩個來到西文老師推薦的中國餐館「木蘭」吃年夜飯，還特地守歲熬夜到午夜，想想家人這時應該在拜天公吧！不管在什麼國家，每次介紹到當地神明，我總是特別容易忘記，但是瓜地馬拉的馬雅人卻有個神明讓我忘不了，叫做Maximon。

　　導遊神秘兮兮的把我們帶到一間商店後方，先吸引我的是滿地滿

桌的鮮花，然後才看到桌上供奉的神明雕像Maximon，帶帽子穿衣服，長得和一般男子沒什麼兩樣，但是神明竟然在抽菸？原來Maximon最喜歡抽菸，所以信徒隨時都會幫祂點菸，也會買菸來供奉，實在是好親民啊！

　　瓜地馬拉有許多馬雅人，神秘的馬雅金字塔也常出現在電玩或是電影裡。某天下午我隨意找了個咖啡館坐著發呆，咖啡館裡除了我，還有另外一桌，其中一位應該是在瓜地馬拉居住多年的美國人，她正在訪問當地的馬雅女子。斷斷續續聽到她們在談論馬雅語言即將消失的危機，印象深刻的是聽到馬雅女子說社會還是歧視馬雅人，很多家長甚至為了讓孩子能融入主流文化，而不教導他們說馬雅語言。

　　不論走到哪裡，就算文化差異再大，許多社會問題似乎都是不變的。貧富差距、獨裁者的暴政、種族歧視甚至屠殺不斷在歷史中重演，少數民族永遠被充滿優越感的主流勢力所壓迫。我想起在亞馬遜雨林的博物館看到歐洲人為了獲得橡膠原料欺騙且奴役原住民的故事，還有那段印加人依約拿黃金換取印加王的生命時，卻得到西班牙人背叛的歷史。

　　最後一晚，我從窗邊看到遠方火山的頂端噴出了陣陣紅的發亮的岩漿，沿著火山周圍流下，然後漸漸消失。不知道這世界上還有多少文化也跟眼前的岩漿一樣，正在發出最後的燦爛火光，然後冷卻。

太平洋上的珍珠
——復活節島 Tapati 慶典

　　自從1970年代復活節島的人民被智利承認為國民開始，每年的1月底左右他們都會舉辦慶典「Tapati」，以保留他們獨特的傳統文化。為了確保能參加慶典，這段往復活節島的機票成了我們環球旅行所訂的第一段票。

　　每一年會有兩組國王（Aito）和皇后（Uka）領導著各自的團隊，分別參與各項文武競賽，最後一天由主辦單位公布該年的勝利團體。島民在這段期間成了熱情的觀眾和加油團，我們沉浸在這節慶的熱鬧氛圍中，同時欣賞各種精彩的比賽。

　　一群群丁字褲猛男陸續出現在我們面前，他們帶著浮潛面具和簡單的魚叉，坐上木船出發捕魚。不同於一般的釣魚，他們被載到太平洋中央，在兩小時內跳入海中靠浮潛用具和魚叉，和波濤洶湧的海浪搏鬥，使用魚叉刺魚，這項任務光用想像的就覺得是不可能的任務。

　　兩小時後，出海的男子回來了。每個人竟然都手拿一排各式各樣的鮮豔魚類，沒有人空手而歸。當地居民興奮的歡呼，同時七嘴八舌討論他們帶回來的魚，我用佩服的眼神盯著一個個歸來的猛男坐在地上披著毛巾吃西瓜，最後經過秤重，第一名帶回了整整6公斤的魚，第二名則是5公斤。

這究竟需要多強的體力和技巧才能辦到？他們絕對是在世界末日第一個活下來的人。

其實對我們來說，要在復活節島活下來也有點難度，因為馬路上實在太多大得令人不解的凹洞，騎機車環島若一個不小心沒閃過凹洞，95%的機率會摔車。

但為了省錢又想看遍全島的摩艾像，也只能冒這個險了。摩艾像有各種大小，不同姿勢，全是由北邊的摩艾工廠出產。據說島上共有900個摩艾，平均身高4.5公尺，其中有兩個高達10公尺。至於祖先是如何搬運這麼大的石像到現在還沒有人知道，如同神秘的印加遺跡、埃及金字塔和馬雅金字塔，搬運永遠是學者最大的疑問。有人說這些摩艾會走路，也有人說……是外星人搬的。

火山灰是製作摩艾的主要材料，火山則是Tapati慶典的其中一個比賽地點。參賽者要坐在香蕉樹幹上，從Maunga Pu'I火山頂端滑下來，滑最遠者獲勝。

看到一半肚子餓了，我跑去附近的攤子買玉米來吃。

「IORANA！」玉米攤老闆對我說。這是當地語言的「你好」，除了西班牙文，當地人都會說這個島上特有的方言，Tapati的比賽主要也是用這個語言進行。復活節島獨樹一格的傳統文化和歷史，在慶典上一覽無遺，難怪他們總說自己不是智利人。

　　在復活節島的日子，我們特意從首都聖地牙哥扛了六天份的食材，
完全沒有外食。不過，令我驚嚇的不是這裡三倍以上的物價，而是這個
島上的蟑螂數量。每天在房間、走廊、廚房都會見到蟑螂，漢克甚至在
清理廚房洗手槽的時候，徒手挖出了一隻死蟑螂。走在路上、草地上也
隨處可見到處亂爬的蟑螂，看慶典的時候我完全不敢像其他人一樣坐在
草地上。

　　雖然小強讓我在廚房充滿防備心，但我們也是在廚房遇見了南美洲
旅遊以來第一個台灣人。還記得他來找我們攀談的時候說：「我看你們
拿著鋼杯泡麵，就知道一定是台灣人。」當時他手上也是拿著一個鋼杯
和一碗泡麵。

外星異界阿塔卡馬
——智利

　　「Bienvenidos a Calama, que tenga un buen viaje（歡迎來到卡拉馬，希望您有個愉快的旅程）。」空姐用智利腔的西班牙文廣播的同時，我望著窗外，看著飛機降落在一片毫無生機的黃色荒蕪中。

　　阿塔卡馬沙漠位處狹長智利國土的北端，年平均降雨量只有15毫米的極端氣候帶來了連綿不斷的乾旱景象，要不是機場航廈飄揚的智利國旗提醒我還在智利境內，我真感受不到早前那熟悉的智利巴塔哥尼亞風情－冰川、森林及草原。

　　San Pedro de Atacama是阿塔卡馬沙漠遊覽的主要基地，位於卡拉馬（Calama）東南方100公里處，由於智利國內航空只有抵達卡拉馬的班機，所以必須要拉車一個半小時方能抵達下榻地點。但我們一點也不在意，一路上隨著車行上下奔馳在2000公尺以上的高原沙漠地形，連綿在安地斯山脈西側的火山群與天空中雲彩的光影變化互相輝映，搭上前景赭紅色火星地貌般的岩石地表，美景盡收眼底，還來不及回過神來，車子已經抵達目的地。

　　阿塔卡馬沙漠（Atacama Desert）之所以出名，除了它號稱是世界上最乾旱的地區，還得歸功之前火紅的韓劇「來自星星的你」，劇中的都教授在地球上最喜歡的地方。的確，阿塔卡馬沙漠由於全年晴朗無雲的夜晚極多，加上無光害汙染，入夜之後只要走出戶外，就彷彿置身於銀河之中，也難怪世界上最強大的天文望遠鏡ALMA會選擇落腳於此。

　　甫抵達阿塔卡馬的第二天我們就面臨重大挑戰，為了要前往海拔4300公尺高全世界第三大的Tatio間歇噴泉，我們必須3點起床準備整裝出發。車行在一片黑暗當中，全不見周圍景物，只知道高度不斷上升，

「起床囉大家！」導遊一聲令下，我們才從兩小時的睡夢中醒來。外頭0度的空氣讓大家極度不願意下車，還好導遊和司機準備了一桌早餐和暖和的古柯葉熱茶，讓我們有體力戰勝刺骨的寒冷還有高山稀薄的空氣。刺鼻的硫磺味不斷地侵襲著，待朝陽在山頭露出那一絲金黃的光芒時，我們才驚呼地發現眼前平原上湧現了無數的間歇噴泉，它們的炙熱與冷空氣交會所產生的煙波直沖天高，形成一幅振奮人心、傳達地球表面最真實脈動的精彩圖畫。而地熱如此發達的地方，當然少不了一池溫泉，但在如此高山上，要挑戰與刺骨寒風坦誠相見絕不是一件易事，我在克莉絲汀的慫恿加鼓舞之下，喝的一聲用最快的速度脫下衣服跳下了溫泉池，享受在溫熱的包圍下恣意飽覽360度視角五星美景的全新人生體驗。

　　回程車上，我們對於穿梭在安地斯山脈3000公尺的高山公路景色讚嘆連連，廣闊草原上奔跑的鴕鳥，翠綠沼澤邊慢條斯理的各種駱馬（南美洲主要的駱馬種類有Viguna、Llama和Alpaca，其中Llama和Alpaca已經被馴化成畜牧動物，並作為主要食用肉類來源，只有Viguna還是野生，由於數量稀少屬於保育動物。），搭上遠方白雪覆頂連綿不斷的火山，除了有些懷疑自己是否仍在沙漠之外，更多的是讓人有種人生有景如此，夫復何求的感嘆。

　　阿塔卡馬沙漠的重頭戲，非有火星地表之稱的月亮谷（Valle de Luna）莫屬。中午剛從4000公尺高山返回的我們，雖然疲累，但仍興致勃勃等不及要去探索這名聞遐邇的地方。月亮谷距離San Pedro de Atacama並不遠，約20到30分鐘即可抵達，但令人驚奇的就在此，縱然離人類文明如此近，但月亮谷的景色極其荒涼出世，彷彿非屬人間而屬遙遠光年星球一般。這裡的大地是黑白土灰的漸層畫，而每層的顏色都是好幾千萬年的年歲沉積，走在其中，就像是在傾聽地球億萬年來的故事，而偶見在岩層中的貝殼化石，更有力地提醒我們這裡過往歲月的精彩。我們爬上高地環顧四方，試著遙想曾經位於海底的這片大地，但卻很難將其連結到現在海拔2000多公尺寸草不生的沙漠高地，滄海桑田，也許就是對月亮谷最完美的詮釋。

　　夕陽西沉，我們倚坐在谷地的制高點，俯瞰著這片攝人心魄的壯麗
山河，金黃的光芒與地表因過度乾旱而出露的雪白鹽晶互相輝映，炫目
非常。我倒抽一口氣，多麼希望時間停留在這一刻，讓我心中的無限感
動得以長留。

　　「Nos vemos pronto, Atacama！（阿塔卡馬，我們很快再見！）」

追尋達爾文的足跡
——厄瓜多加拉巴哥群島

　　蔚藍連成一片的天際及海洋，點綴著珍珠般串連的小島，飛機帶著我們往北繞了一圈，彷彿在向我們展示加拉巴哥群島的壯麗，最後才緩緩降落在北邊的Baltra島上。

　　出機場搭一小段車，接著坐上渡船前往Santa Cruz本島，當我們還在氣喘吁吁的搬行李上船時，天上倏然間掠過了好幾隻不知名的大鳥，讓我們驚喜非常，完全回過了神，意識到自己已經身處在達爾文的傳說之地。

　　加拉巴哥群島由7個大島和無數個小島和岩礁所組成，因為海洋的隔絕，這裡的生物逐漸演化成獨特的物種，也讓達爾文得以在這裡完成他舉世著名的物種進化論，並讓全世界爭先恐後前來欣賞這個世外桃源。

　　我已經在旅遊書上勾出我想看到的物種，沒成功誓不罷休。

　　我是極度容易暈車暈船的人，為了來到加拉巴哥這個以海洋活動為主的地方，我可是下了非常大的決心。也因此，我和漢克捨棄很多遊客會參加的遊輪跳島之旅，轉而以陸上為據點，每天依喜好參加一日團。

　　迎面而來的潮濕海風和炎曬烈陽，加上三三兩兩的紀念品店及路邊慵懶休息的人們，讓我們有種來

到墾丁的錯覺。

漫步經過兩隻在碼頭樓梯上慵懶曬太陽的海獅，看到旁邊的魚販正焦急地把幾隻想偷吃的大嘴鳥趕走，望向海邊，一小片紅樹林裡停了好幾隻顏色奇異的鳥類，歪頭找尋著水澤中的可能獵物，大自然的一切，竟如此無違和感地跟小鎮建築及居民生活融合為一體。

才不到2小時，加拉巴哥處處是驚喜。

達爾文研究中心的專員推薦我們去市區南邊一段距離的Turtle Bay，走了2公里多才抵達美麗的白色海灘。好幾隻海鬣蜥聚在樹蔭下休息，每隻顏色都有點不同，但尺寸都好大呀！跟他們拍了張照，馬上被管理人員警告不能靠太近。在海浪不斷沖刷的岩石上發現成群的鮮豔紅螃蟹，顏色竟像烤熟了一般。再往深處走，竟在一個清澈的小潟湖裡看到幾隻悠游的小鯊魚，漢克不知道吃了什麼熊心豹子膽，逕自踏進去水裡追著這群嚇人的傢伙拍照。

浮潛是能近距離接觸海洋生物最好的方式，經過一晚的辛勤比價，我們報名了Pinzon島的一日行程。

海上之旅的第一站是在附近的Santa Fe島散步，甫剛上島，遠方的稀客藍腳鰹鳥（Blue-footed Booby）就讓大家爭先恐後往他們的方向前進，突然脆脆的「喀」一聲，我低頭一看，竟然踩到一隻海鬣蜥的尾巴，真是不好意思，好險他沒轉頭咬我一口。繼續往前走，終於清楚見到藍腳鰹鳥那令人稱羨又不真實的Tiffany藍腳。就算親眼看到，還是覺

得這兩隻腳更像是被人類故意塗上的！

　　回到船上，船長開到一個寧靜的水域，讓我們下海浮潛。頭才剛進入水中，就在海底發現好多隻在岩石下睡覺的小鯊魚，天啊！我和鯊魚一起游泳！這不在我的夢想清單裡呀！雖然與鯊魚共舞實在太酷了，但我還是快速輕盈的離開他們，害怕他們醒過來。再往礁石洞穴裡游，看到一群海獅在游泳，在陸地上移動笨拙的海獅到了水裡可是非常靈活的，不怕生的小海獅在我們身邊游來游去，追著小魚玩耍，好快樂的模樣。導遊叮嚀我們千萬不可以去摸小海獅，因為海獅媽媽會因此不再養他的孩子喔！

　　閃亮又搖晃的海洋讓我越來越噁心想吐，突然有人發現一隻海龜，我忍住吐意，再度潛下游到海龜附近，那一隻小海龜臉像是在微笑，輕鬆的游上游下，我和他的距離近到可以牽手了，實在是好興奮！

　　不行了！浮上水面馬上吐了一大灘，看著黃色嘔吐物隨著海流漂走，我覺得又好笑又想哭，有幾個人能有一面浮潛一面吐的經驗。算了，至少我完成了和海龜共游的夢。其實加拉巴哥一半以上的物種都要坐船到小島或是潛水才看得到，可惜我暈船太嚴重，不得不犧牲其他的行程，好險老天眷顧，讓我看到了我最想看到的生物，我已滿足。

　　幸好我期待的象龜棲息在San Cristobal島的陸上，讓我可以暫時安穩地在島上的高地觀察他們的行蹤。象龜巨大的龜殼快到我的腰了呢！看著他們緩慢地移動和吃草實在是太可愛了，可惜大部分的巨龜都被天氣熱得待在龜殼裡休息，無緣與他們相見。

　　望著象龜那累積百年風塵的巨大身軀，回憶起這數日在加拉巴哥群島上的所見所聞，思考著千百年來這島嶼上物種的繁衍變化，我感到好滿足，滿足在我們這趟旅程能親自見識這個夢幻傳說之島。

　　或許唯一的遺憾是沒有看到鼓起紅色喉囊的軍艦鳥，只看到他們高高飛在天空，但這何嘗不就是大自然，永遠說不準我們能和牠在哪個角落相遇。

的的喀喀湖畔，一湖兩樣情
——玻利維亞 × 秘魯

　　旋轉旋轉再旋轉，誤打誤撞遇上了玻利維亞Copacabana的嘉年華會，男子們個個戴著巴拿馬帽，穿上筆挺閃亮的西裝，女子們同樣帶著巴拿馬帽，帽子下是長長的兩條辮子，穿上亮麗幾乎拖地的蓬蓬裙，再披上美麗優雅的大圍巾。一對對男男女女、老老少少搭配輕快的音樂，不斷的旋轉，直到深夜。

　　市中心架了三個舞台，大家可以根據自己喜歡的音樂隨意加入舞台下的群眾。我們遊走在市中心，陶醉於熱鬧的音樂和歡樂的群眾之中。嘉年華會有吃又有玩，到處都是垃圾，走在路上不時飄來刺鼻臭味，難免皺眉，疑惑臭味的來源。忽然看到一個女孩離開群眾，往沒人的街上走去，選定位置後蹲了下來，整個蓬蓬裙剛好遮到地上，過了一陣子才站起來。

　　原來沒下雨的路邊小溪流是這樣來的，我們接下來幾天走路都特別小心，盡量不碰到水。

▎漂浮在湖中的自製蘆葦島

　　在秘魯和玻利維亞交界的安地斯山脈有個的的喀喀湖（Lake Titicaca），它是世界上海拔最高的高山湖泊，也是南美洲最大的湖泊。坐在船上看著四周越來越多的蘆葦草，心想不知道這個湖有多深，蘆葦草的根又有多長。這個位於海拔3812公尺的湖中有非常多大大小小的島嶼，我們今天要參觀的是漂浮在湖中的人造蘆葦島。

　　蘆葦島漸漸地出現在周遭，有大有小，每個島上的居民都熱情的對我們揮手，希望我們停泊在他們島上。船終於停在其中一個小島上，幾個當地婦女唱起了歡迎的歌曲。看著腳下一根根有點潮濕的蘆葦草，感覺像是踏在粗的稻草堆上。島上一位略懂英文的男子向我們說明，島的基底是一大塊捆綁好的泥土塊，上面鋪上層層的蘆葦草，每隔一段時間再繼續往上鋪才能避免島嶼下沉。我們所在的島嶼較小，僅有一個家族居住，大概六間草屋，加上戶外的一間廚房。通常婦女會一起在廚房煮給所有人吃，導遊也向我們展示在湖裡可以捕到的魚類。後來他帶我們參觀他的房子，裡面只有簡單的床和擺東西的掛勾。參觀完畢後，我好奇地問導遊怎麼沒看到廁所，導遊指著不遠處的一個超小蘆葦島說，要划船過去那邊解決，至於洗澡就在湖中囉！

　　烏魯人能如此善用地形和環境建造出獨特的家園真的很厲害，更佩服他們的生活空間只有簡單足夠日常使用的東西。觀光顯然是當地人很重要的財務來源，居民最後拿出了許多手工編織的紀念品期望我們購買，接著又強力邀請大家坐上收費的自製蘆葦船遊船。

　　要維持傳統的生活方式越來越難，除了謀生不易，生活環境也不比陸地上舒服方便，希望這樣奇特的烏魯模式永遠不會變成地理書上的一個章節。

▌ 差點回不了家的太陽島健行

　　過境來到玻利維亞的的的喀喀湖不再有蘆葦草，取而代之的是浪漫的太陽島和月亮島。傳說太陽島是太陽誕生時的印記，也是太陽神派遣的第一位印加人出現的地方，月亮島則是月亮升起時的位置。太陽神是印加人最重要的神明，因此太陽島可說是印加文明的起源。

　　或許可以把在太陽島健行想像成在陽明山擎天崗的步道健走，然後將遠方的風景從草地換成湖水，再把海拔從770米提升至4千米就差不多是一樣的感受了。其實太陽島本身並不高，只不過身處在3820米的高山湖泊之上，因此讓人很難相信現場竟然有4千米這麼高。但是稀薄的空氣會提醒我們、喘氣的聲音也在告訴我們，就算是個湖中的小島，也是雄偉的安地斯山脈的一部分。

　　觸手可及的天空使得藍天變得更藍、白雲變得更白，從眼睛看出的風景直接成了相機的鮮明模式，連蔚藍的湖水都變作海洋。從北邊的港口下船之後，美麗的風景讓我們相機不離手，之後又在附近的印加遺跡逗留太久，一不小心忘了從北邊到南邊的港口有11公里的路要走。

　　平地上的11公里比不上沙漠地帶的11公里難走，沙漠地帶的11公里又更比不上4千米高山上的11公里艱難。距離開船時間只剩下三小時，我們一路快走，但其實是身體覺得自己在狂奔，實際上速度像在散步。稀薄的空氣加上毒辣的陽光，想加快速度也力不從心。

　　在太陽誕生之地，人類只能接受自己的無能為力。

　　眼看距離開船的時間越來越近，體力較好的漢克決定先往前走，想辦法請船長等我和朋友小T。我們兩個繼續努力地往前，好不容易看到了不遠處的港口，卻發現我們的船剛剛離岸。完蛋了。

　　經過了大概一千多個往下的階梯，我們終於抵達港口和漢克會合。他找到一位船夫願意載我們到對面比較近的港口，我們到了再坐計程車回Copacabana。15分鐘的船程當然狠狠的被薛了一筆，沒想到船開到湖中央時，船長把引擎熄了。

　　我們警戒了起來，在湖中央完全沒有招架之力啊！他想要什麼？原來船夫想要把我們直接載回Copacabana然後費用多收3倍，他不斷強調

現在是嘉年華，對面岸上不會有計程車。好險我們能用簡易的西班牙文溝通，一番爭辯堅持之後，他也不是個太邪惡的人，還是把我們載到原本講好的港口。

　　差點以為我們就要被丟到湖裡餵魚了，還好岸上真有一台計程車在那裡等著。

親愛的，我們到了外太空
——玻利維亞烏尤尼鹽湖

　　這幾年越來越多人在臉書分享天空之境鹽湖的照片，玻利維亞因而逐漸成為亞洲人的熱門旅遊景點，鹽湖的所在小鎮烏尤尼（Uyuni）幾乎完全被日本人、韓國人和我們攻佔，聽著熟悉的語言讓我一度覺得回到亞洲了。

　　小鎮其實沒什麼觀光景點，人口也不多，大家都是為了全世界最大的鹽湖而來的。抵達的第一件事就是去找旅行社，這裡提供三日團、日出團和日落團，我們只有明天一整天的時間，就直接報名日出和日落團。

　　其中有兩間旅行社在亞洲旅遊圈非常有名，我猜他們可能誤打誤撞之下發現了亞洲人和西方人對於鹽湖的不同期待。西方人通常純粹喜歡欣賞風景，但是亞洲人卻期望拍出像雜誌那樣仙境般的照片。鹽湖有乾季雨季，面積將近台灣的三分之一這麼大，若要拍出清晰倒影的天空之境必須在有積水但又不能太深的地方才能得到類似的效果。這兩家旅行社就是因為「會幫旅客找積水」而打出名號。

　　凌晨三點我們準時在旅行社門口集合。果然，一大群遊客中沒有一位西方人。我們和幾個韓國人一車，車子開離小鎮之後周遭瞬間一片漆黑，很好奇導遊在一望無際又沒有地標的黑暗鹽湖區域是怎麼辨認方向的。開了好長一段路終於停下來了，當導遊把車頭燈關上時，車上全部的人都打從心裡的發出好大的「哇！」一聲讚嘆，實在是太美了！整片星空在我們眼前閃閃發亮，滿天星斗和灑成一片的銀河在空中，也同時倒映

在地面的鹽湖上，從我腳邊往四面八方無限延伸，直到最遠端的圓弧天際線。

渺小的我被整個宇宙包圍，好像一跳起來就能飛到外太空。城市、高樓大廈、夜景，所有人類文明都不再重要，此時此刻是我見過人生中最美的風景。

可惜陣陣吹來的刺骨寒風不斷把我拉回現實，羽絨衣和雪褲都抵擋不住這般酷寒。至於身旁的韓國人可是有備而來，絲毫不浪費時間，早已架好腳架和單眼，每人依序拿出散發不同顏色燈光的手機開始重複寫字，相機長時間曝光後字體就能浮現在照片中。放眼望去，到處都是晃來晃去的手機燈光，也成了另一種有趣的風景。

　　圓弧的天際線露出一點曙光，將點點繁星逐漸遮住，此時天地只有純淨的藍。

　　導遊從車頂拿出椅子，像我們招手。接著是一系列導遊說、我們做的照相時間，站在椅子上、手伸直、牽手、腳打開……等等，有趣的倒影團體照就此誕生，韓國女孩看著成果興奮的尖叫說讚，導遊果然有抓住亞洲人的心啊！

　　下午的日落團是完全不一樣的風景，粉紅雲彩在天上也在地上，我們彷彿置身雲端，來到天堂，分不清真實與虛幻。天黑前飄過來的一大片低空烏雲和意料之外的閃電打雷從四面八方慢慢將我們吞噬，導遊暗示我們該走了。

　　就算遊客再多，眼前的仙境竟讓我覺得這世上只剩下我一個人。

踏上千年印加古道
——秘魯馬丘比丘

憑著馬丘比丘的知名度，說它是旅者第一次來到偌大南美洲的首選絕不為過。你可以輕鬆的坐火車直達馬丘比丘，或是靠著雙腳爬個四天三夜抵達同樣的目的地。我們考量許久，決定牙一咬，來場四天沒電沒網路不能洗澡的印加時空之旅。

第一天，從海拔2720公尺開始，行走14公里

三月是秘魯雨季後剛開放的季節，遊客不多，我們這團雖只有7個人，但加上導遊和挑夫porter也21個人了。有這麼多人的照顧，想當然爾我們接下來的日子是怎麼個吃香喝辣。

導遊大衛是個二十幾歲的年輕人，家就住在印加古道上的一個小村落Wayllabamba，他總是精神抖擻的在前方幫大家加油，有時候墊後陪伴落單的那位。在高山上體力硬生生減半，上坡走幾步就會喘不過氣來，山神給我們的第一課來得真突然：氧氣的珍貴。

突然，一個女性聲音從後面傳來：「Permiso！」（西文的借過之意）我回頭一看，一個婦女揹著好大的彩色布袋，裡面不知道裝些什麼家當。她臉不紅氣不喘的對我微笑，然後大步的超越我，似乎早已習慣我們這些嬌客的緩慢步伐和喘息聲。

第二天，海拔3300－4200公尺，行走30公里

Porter一早就到帳篷外叫我們起床並遞上熱騰騰的古柯茶，帳篷拉鍊一打開，是讓我們洗臉刷牙的熱水，好一個五星級享受！

走在印加古道最大的享受莫過於欣賞不時出現的遺跡，感受印加帝國過去的繁榮和偉大。因為每個人的體力不同，大衛要我們按著自己的步伐前進，我一路專心的看著前方的石頭往下走，猛一抬頭卻發現自己正一個人走在煙霧繚繞的古道，前後都不見個人影。我停下腳步，懷疑是不是迷路了，一心期望遇到個人問問，結果只聽到動物的聲音。我小心翼翼地繼續走，突然間一個矗立在山頭、被樹林環繞的壯觀遺跡出現在我眼前，我竟嚇了一跳！

印加遺跡就是不斷的讓人發出驚嘆號：它怎麼會出現在這裡！

我想像印加人過去在這險峻的地勢建立如此巨大的石頭建築，是否就像今日這些印加後代porter們默默揹著重物的背影一般辛苦，只是石塊換成了行李呢？

第三天，海拔3600公尺，行走45公里

從第二天的4200公尺最高峰Dead Woman's Pass之後的所有古道都是原始沒有被修復的路徑，今天經過了幾個印加山洞和順著地形建造的平滑樓梯都再度讓我驚艷他們的石頭工藝技術。

我們是真的走在印加人走過的路上。

大衛非常自豪自己是印加人的後代，從他跟我們講解的語氣中就可以感受到，他是認真的想分享他們的歷史文化，從印加文明的興起到如何被西班牙人欺騙而衰敗、各個遺跡的故事、印加人的食物和生活方式。大衛說：「我們的祖先吃得很養生，在高山上不飲酒不抽菸，就是整天喝古柯茶。他們還能利用梯田在高山上創造出不同的高度，以種植不同海拔的作物，非常有智慧。」在大衛仔細的講解之下，我們對印加古道也多了一份不一樣的情感。

主廚馬力歐在最後一晚變出了一個蛋糕作為離別的驚喜，實在不知道沒有烤箱和冰箱是怎麼做出一個蛋糕。我很榮幸代表我們這團對porter用西文說幾句感謝的話，經過了3天密集的相處也是很不捨。大衛說porter都希望能賺錢讓小孩讀書，以後當導遊或是做其他的工作，不要跟他們一樣踏上印加古道這條危險又辛苦的路。

或許印加古道是每個遊客的夢想，但卻是他們最想脫離的地方吧！

第四天，海拔2600公尺，前往馬丘比丘

在入口等待開門的時候，大衛問我們昨晚有沒有聽到喃喃的低語聲，其他的porter都有聽到，那是祖先在對他們說話的聲音。

大衛的爺爺告訴他，其實印加人沒有完全滅絕，而是躲在深山桃花源裡繼續生活，在古道上默默保護每個經過的後代子孫和遊客。

至於抵達馬丘比丘之後的故事，似乎已經不那麼重要了。

切格瓦拉的社會主義實驗
——古巴

　　飛機低飛在五顏六色的田野中，準備降落在哈瓦那，那神祕封閉國度古巴的政治中心，美國飛彈危機的威脅來源地。這裡不同於南美洲安地斯山脈那動輒4500公尺的高山，而是清一色低平的地勢，與許多位於田野道路匯集處的城鎮。

　　想像中的古巴，是卡斯楚和切格瓦拉革命建立的共產烏托邦，擁有著歷史悠久的古老建築及越夜越美麗的Salsa熱舞夜生活，而根據前人的親身經歷，都說他們極喜歡在古巴的旅程，認為在哈瓦那本身待一個禮拜也值得，也因此，我們非常期待在古巴的探索，還特別縮短了墨西哥的旅程，延長了待在古巴的時間。

▍謹慎使用珍貴的兩小時WIFI

角落那個公園怎麼人山人海？是有什麼活動嗎？走近一看，大家不是在公園聊天，而是在滑手機和講視訊電話。一個人手上拿著一堆卡片湊近問我們要不要買網路卡，原來大家是在上網，仔細一問，一小時竟要1.5CUC（約等於1.5歐元）。

在哈瓦那的民宿主人是一個醫生，醫生在古巴社會地位比較高，他說每個月他有固定額度的免費WIFI可以使用。過了三天我們實在忍不住，到公園買了兩小時的卡，沒想到有了卡還不一定連得上去，訊號既不穩定速度也很慢。

來到古巴，就徹底的忘掉網路這檔事吧。

▍我來錯國家了嗎？

初來乍到，走在哈瓦那的街頭，五零年代的拼裝美國老爺車呼嘯而過，擦身而過的每一棟建築，都像是無法乘載百年歷史的沉重一般，不是壁垣傾頹便是油漆斑駁，整個城市乍看之下以為是二次戰後的殘破歐洲都市，唯一點醒我現在是21世紀的，是那萬頭鑽動的觀光客。

　　但有點太多了。

　　度假裝扮完整的遊客成群結隊地占領每個角落，大聲嘻笑翹著腳啜飲Mojito，談論晚上要去哪間Salsa Pub。10多年前來過古巴的朋友告訴我們她是如何享受古巴的酒吧和音樂，以及一個當地老人邀她跳舞的故事，我們聽得陶醉，卻沒預料到這樣的故事已成了過去，這幾天我們去的所有餐廳與酒吧竟看不到任何一個當地人。民宿醫生的岳父憤恨的說：「以前我們當然也喜歡去外頭吃飯喝酒，但是開放之後餐廳酒吧價格越來越貴，我們根本負擔不起。」

　　在地居民的生活，彷彿從這城市的一角消失殆盡，而逐漸成長茁壯的，是一間又一間的新開酒吧，或是要價不斐的國營酒店。

▎觀光貨幣v.s.當地貨幣？

　　走過這麼多國家，遇過通膨嚴重需要用塑膠袋裝錢出門的烏茲別克，也遇過以前國家貨幣破產改用美金的厄瓜多，但還沒遇過一個國家有兩種貨幣的。

　　在古巴，觀光客換到的貨幣是CUC，舉凡旅遊巴士、當地旅行團、餐廳以至紀念品店幾乎都是以CUC計價；相反的，大部分古巴人民的生活則是建立在CUP的基礎上，像是在市場買菜、國營超市領配給品、在便宜小吃攤販吃飯或是搭乘公眾交通工具。我們在換錢所換了一些當地貨幣CUP，午餐時找了當地人站著吃的pizza店，沒想到價格竟然如此便宜！由此可見觀光客和當地人的消費水準差異有多大。

　　從經濟學的角度也許可以深入探究古巴施行雙軌貨幣的原因，但從直覺的功能上來看，完全就是區隔觀光業與一般民眾生活花費的兩個不同場域的設計呀！

▌僅存的共產主義經濟制度

20世紀初開始的共產主義經濟制度，在俄羅斯、中國、越南相繼解體後，僅存的國家除了北韓之外，就只剩下古巴。

在以前課本上，我們只學過共產經濟制度就是人人為社會貢獻，國家會負起分配糧食養活人民的責任，但卻不知道實際實行起來會是什麼樣子。我們跟古巴人聊天才知道這樣的制度是真實存在：不管從事什麼工作，古巴人民平均一個月的薪水是20到25CUC，若是專門技術人員如醫生，也不過就40CUC。

一個月600到1300台幣的薪水要怎麼活？

政府每個月會配給一定數量的食物給每個人，我們住的民宿媽媽拿出一本配給領取紀錄簿給我看，裡面包含從雞肉（1磅／月／人）、雞蛋（5顆／月／人）、油、麵粉、糖、米、豆子等食品，不一而足。在這個清單上的食物在配給數量內古巴人能以極低廉的價格購買（一個月不到1CUC／人），但若想要買更多的話，就必須以市場價格購買，民宿媽媽說，要養活一家大小的食物支出，應該在20CUC以內（雖然我真的很難想像整個月都吃政府配給的同樣澱粉製品……）。

至於娛樂活動如看電影或上劇院看戲，由於也有政府的重度補助，所以極為便宜——不到1CUC／人。但就算如此，假設一個雙薪家庭一個月收入50CUC，扣掉食物、交通及娛樂活動約30CUC後，也只剩下20CUC可以存下來，對一般家庭來說，到外面吃餐廳已是沉重的負擔，更遑論這一生有機會出國了（事實上我們問過很多人他們連古巴其他城市都很少去過）。

這樣的共產經濟制度，使得擁有專業及技術的人才（如醫生）與一般國營超市的收銀員薪水幾乎一樣，到底人們有什麼誘因可以讓他們選擇需要更多努力才能取得專業資格的職業呢？而眾多國營企業的員工們，領著一生也不可能讓他們存錢致富的微薄薪水，又怎麼可能有多高的工作效率？？也難怪，我們不管到換錢所、國營超市或是電信局，櫃台的收銀員總是慢條斯理，就算面前等待的隊伍排到天邊也不怕，反正，營業時間到就拉下鐵門關門大吉回家休息，顧客們是否來得及得到

服務也就不是他們會理睬的事了。

▌排隊是必勤加修練的功夫

在古巴，最考驗人們意志力的事情，就是排隊。

對當地人來說，領政府配給品要排隊，進國營商店買東西要排隊，連進商場寄包包也要排隊；而對外國遊客來說，需要排隊的地方更多了，由於旅遊業剛開放不久，而且大部分營業窗口都是國營獨佔，很多時候排隊一兩小時是家常便飯：貨幣兌換所換錢要排隊，買wifi網卡要排隊，買車票要排隊，訂旅遊配套要排隊，連旅遊資訊中心都要排到天荒地老才輪到你問一個問題。

其中最痛苦的是換錢，因古巴只有一家國營換錢所Cadeca，不只外國遊客要換錢，本地人也要在這換錢，而如果你跟當地人一起排隊，可能會目睹他們使出的排隊三絕招：

1. 看到隊伍中的朋友，過去打招呼親臉聊天就順便排進去。
2. 排在你前後的古巴人叫你幫他看好他的位子，然後離隊不知道去幹嘛，過了N分鐘再直接回到他的位子。
3. 大絕是直接找隊伍最前面人幫換錢，連隊都不用排。

看完了這些古巴當地人的排隊技巧後，我只能說古巴人之間真的非常互助友好，可能是過去共產時代的口號號召，讓人們可以共體時艱，互相扶持度過難關吧。

▌社會主義的未來

封閉數十年後的快速的開放，使得古巴這個切格瓦拉社會主義實驗下的國家產生了本質上的劇變，街上民宿的廣告招牌一面一面的豎起，Salsa舞廳裡擠滿了外國觀光客而不見當地臉孔，彷彿預告著那質樸的過去早已不復存在。

　　當專作觀光客生意的商人們開著外國進口跑車在街上奔馳時，那些每個月拚死拚活為國家貢獻，卻只領著30、40CUC微薄薪水的醫生、老師們該情何以堪？

　　越來越多的人們辭去專業技術的工作，只為投入熱門有賺頭的觀光業生意，長此以往，社會結構的失衡是否會把共產主義推向解體的臨界點？而時代的巨輪，又將會把古巴帶往那一個新的方向呢？

穿梭在熱帶叢林的馬雅文明
──墨西哥 ✕ 瓜地馬拉

　　大家都說墨西哥人很熱情，是真的。

　　為了探訪美洲三大文明之一的馬雅遺跡，我們從原本的行程中硬是擠出了七天，連續從墨西哥衝到瓜地馬拉再回到墨西哥，四個城市四個馬雅遺跡──奇琴伊察（Chichen Itza）、土倫（Tulum）、提卡爾（Tikal）以及帕倫克（Palenque）。

　　想多了解馬雅文化最好請個當地導遊，我們在第一站奇琴伊察的入口猶豫了好久，不知道站在售票處前的導遊哪位比較專業。最後我們決定先向旁邊站在餐廳外找客人的服務生問看看園區有多大，若景點多的話再請導遊。

　　沒想到一開口，這個年輕的服務生不僅直接找地圖送我們，還把我們叫到旁邊的桌子去，隨意拿了張紙，問我們對馬雅了解多少。

　　「我們不是很了解……所以才想請導遊……」我們有點支支吾吾。

　　「沒關係！我來告訴你們。」接著他在紙上畫了一個大大的金字塔。

　　奇琴伊薩是一個供奉Kukulkan（馬雅最重要的神）的神廟，東西南北四面各有一排階梯沿著正方形的地基往上到頂端，每一面階梯有91層，為什麼是91層呢？這得說到馬雅人的數學觀。首先，他們不僅是最早發展出「零」這個觀念的文明，更是將數學和天文結合的近乎完美。13代表月亮，馬雅人相信通往上層世界共有13層，通往底層世界有7層，而9則代表地面。若是將1+2+3+……+13會得到91，剛好正是金字塔通往頂端的階梯數，91×2=182是玉米種植的天數，91×3=273是嬰兒在媽媽肚子裡的時間，而東西南北四面的樓梯共有91×4=364再加上最頂層神廟中的一層階梯，剛好是365，就是一年的日子。

　　「哇！」我們聽傻了。「你們說馬雅人是不是很厲害！」「真的！你知道好多事情呀！都可以當導遊了！」「那是當然！因為我是馬雅人啊！來！如果你要找導遊的話，我介紹給你們一個很棒的人。」這位小哥跟我們講了足足20分鐘，好一個墨西哥式熱情。

　　從完美角度的金字塔到海岸邊的土倫廢墟，我們在墨西哥炎熱潮濕的氣候中盡情感受馬雅文明的建築工藝和神明信仰。不過，我們還想看古墓奇兵故事裡那隱藏在叢林中的神祕馬雅國度，而這個風景得在瓜地馬拉的提卡爾遺跡才看得到。

　　這是我們第一次坐夜車過境。半夜四點多司機把乘客叫醒，大家得下車蓋墨西哥出境章。墨西哥的邊境關卡是出了名的詭異，遊客永遠不能理解那不成文的規定──有些海關會收出境稅。「有些」而非全部，原因很明顯。我們事先上網查詢是否有解決之道，其中一個網友說若入境是坐飛機進來的，機票其實已經包含所有的稅，不需要再付出境稅。於是當海關跟我們收25美金的時候我們就這麼跟他說。

　　結果海關一臉不屑，「那你把機票明細給我。」但我們的電子機票並沒有明細。「這樣就不算，付錢！」「NO！我們已經付過了！為什麼要再付？」「你去跟我老闆講！」啪一聲，我們的護照被丟到另一個

桌上。等到所有人都付完錢上了車，這位老闆說：「跟我來！」接著我們被帶到後面一個小辦公室，這時我們內心浮現各式各樣可能的結局：被毒打、關起來、威脅等等各種毒梟電影的情節，結果他面無表情的問：「所以你們不要付錢？」「對！因為機票已經有包含了。」他把我們的護照影印一份，「那你們在護照影本上寫你們不要付錢，然後簽名。」全程我們都好緊張，又要強裝鎮定。簽完名，他在電腦上打了5分鐘的報告，最後才不情願的在護照上蓋章讓我們走。好一個驚魂記。

　　到了貝里斯市，我們緊接著買小巴的票去瓜地馬拉，來了一輛快解體的車。售票員跟我們保證車上有冷氣，但是出發後司機卻遲遲不開冷氣，一路上熱得頭昏腦脹卻沒人抱怨。我受不了了，問司機能不能開冷氣，他卻說，等離開貝里斯到瓜地馬拉境內才可以開冷氣。什麼怪規定？一路繼續忍受酷熱，半路上還看到一個旗子寫著：歡迎中華民國農技團。過了瓜地馬拉海關，他真的開冷氣了。

　　提卡爾遺跡一日團的導遊是個懶散又自傲的老頭，看我們只有4個人就急忙忙把我們丟給前面帶二十幾個英國大學生的導遊。好險這個導遊比較會講解，只是得忍受吵鬧的大學生。傍晚時，導遊問我們想不想爬上金字塔看夕陽？大家都說好。「那你們每人給我20元，我去喬一下。」接著在導遊的指引下，我們沿著金字塔遺跡的階梯爬到最高處坐著吹風，「要保持安靜！不然警衛會發現我們！」

　　金字塔的階梯上寫著「禁止通過（No Pasar）」。

在 Corcovado 國家公園遇上美洲獅──哥斯大黎加

「Thomas，你背包裡那個長長的東西是什麼啊？」「一把刀，用來保護你們的。」我和漢克面面相覷，不知道未來兩天在Corcovado國家公園的探險，有什麼未知的危險在等著我們。

潮濕的熱帶雨林讓我汗水直流，每2分鐘就要用脖子上的毛巾擦一次汗。我自認是非常耐熱的人，但是這裡潮濕度超過80度還是讓我舉白旗投降，臉上擦好的防曬因為流太多汗而浮滿整臉，我們倆就像是格格不入的藝妓，但也顧不得補防曬，就只是拼命的擦汗。

防蚊液倒是不得不補，雖然已經長袖長褲全副武裝，但只要一停下來，馬上就有蚊子停在手上，甚至是隔著排汗衣攻擊我。

位在中美洲的哥斯大黎加國土雖小，卻同時有火山、熱帶雨林等特殊又多元的生態環境，因此孕育了非常多的物種，像是受人喜愛的樹懶，還有好幾百種鳥類。

導遊Thomas是個放蕩不羈的青年，當天竟穿了帆布鞋來，說是把球鞋放在朋友家了，結果還不到一小時，就因為帆布鞋不舒服，索性赤著腳帶著我們走2天。看他不時的一邊謾罵、一邊捏起腳上的吸血蟲，心想這個年輕人也真是個奇葩。

Thomas看似神經大條，但從小在森林裡長大的他，觀察力可不得了。這裡是他的遊樂場，植物、動物和昆蟲的習性他都瞭若指掌，偶爾還逗弄一下樹上的白面捲尾猴，氣得猴子們聯合拿樹枝丟我們。他能聞出Peccary（類似野豬的一種）的味道，提前告訴我們前方有野豬群，也會忽然叫我們往上看，原來是超遠的樹上停了一隻Toucan（大嘴鳥），他甚至可以追蹤動物留下來的足跡。

　　雨林中從地面上的泥土和落葉、攀爬在樹枝的藤蔓植物，到高聳至雲端的樹枝和葉子、我們看到的是雜亂的綠色和土黃色，但是Thomas眼裡比我們看到的多太多了。要不是有他，我們不過是森林中的盲人。

　　從入口到森林中的小木屋要走22公里的路，和我們爬巴塔哥尼亞的山差不多距離。路途算是平坦，唯一驚險之處就是經過海邊時，必須跨越正逢漲潮的一小段路。計畫是必須趁著浪退下去的時候快速跑過去，不然浪一打過來，我們會全身濕透。當Thomas喊「現在！」我用盡全力往前跑，不料踩到一處低窪，右腳瞬間癱軟差點跌倒，結果還沒來得及反應，已經全身被浪沖的慘不忍睹。

　　聚集在海邊的五彩金剛鸚鵡成雙成對的飛過我頭上，發出烏鴉般的惱人叫聲，像是在嘲笑我。哼！還是黑豆眼睛的大嘴鳥比較討喜。

　　能看到什麼動物和昆蟲除了受導遊功力影響，也非常靠運氣。森林之大，動物移動之快，我們也只能祈禱老天爺給點機會。這兩天我們看到了些什麼呢？印象最深的有出現在小木屋外不遠處的一隻中美貘，在一棵很高的樹上正在睡午覺的食蟻獸，一種會發出低沉嗯嗯聲的貓頭鷹，還有美洲獨有的切葉蟻，搬著一片片葉子，像是舉著綠色旗子的軍隊！

　　最難忘的莫過於第一天傍晚的奇遇。大約下午五點多，森林裡異常的安靜，我們已經一個多小時沒遇到動物，走了一整天也開始疲累，懶得東張西望就只是兩眼無神的看著前方。走上一個斜斜的小上坡，

當爬到最高點時，迎面走來一隻……美洲母獅！我們三人瞬間凍結，Thomas對我們比了個手勢要我們不要動，其實他不用這麼做，我們的身體直覺反應也是不敢動。我們和她的距離大概只有1公尺，她就這麼看著我們，我們也看著她。

實在沒想到就這麼遇上一隻獅子，而且是毫無防備的，只有Thomas的一把刀。

感謝老天她的肚子似乎不餓，眼神掃射我們幾秒就掉頭走掉。看著她悠哉離開的背影，我們卻還是不敢動彈。終於Thomas回過頭來，一臉興奮的說：「你們實在太幸運了啦！快把相機給我，我去跟蹤她，幫你們拍一些可以給朋友炫耀的照片。」接著他悄聲的往獅子離開的方向走去，留下仍然驚魂未定的我們。

Thomas去了好久，我跟漢克說：「如果現在那隻獅子回來的話，我們該怎麼辦？」一方面看到獅子好開心，一方面又好害怕，好險Thomas這時總算回來了，他趕緊把拍到的影片和照片給我們看，是母獅坐著休息和舔身體清洗的影片，好近好近。我問他怎麼不害怕，他說獅子可以感受的到你是否有惡意，如果你不惹他，他也不會招惹你。

一直到晚上，我都還是不敢相信「我走在路上看到一隻獅子」，而且距離這麼近。小木屋早早熄燈，我也很快的就沉沉入睡。凌晨三點多被一陣陣又像狼嚎又像狗叫的聲音驚醒，叫聲來源似乎不遠，像是不同家族互相對話叫囂，從沒聽過的怒吼加上睡覺的小木屋完全沒有牆壁，覺得很可怕。我深刻的記得當下我對著自己說：天啊！我真的在森林裡。第二天導遊說那是鬃毛吼猴（Howler Monkey）的聲音，我完全無法把那可怕的叫聲和猴子聯想在一起。

回程的路上，我問Thomas最希望遇到的動物是什麼。他說走了這麼多次，還沒遇過花豹，他真的很希望看到一隻。從小到大在這裡長大的他竟然還沒看過花豹，那麼來一次就看到美洲獅的我們是真的很幸運吧！

西班牙文的學習續集

　　為什麼開始學西班牙文？說穿了就只是為了旅行，尤其在歷經了俄語區的那段啞巴日子，更加深了我們學西文的決心。從烏茲別克一直到亞美尼亞，我們待在前蘇聯國家也有將近兩個月的時間，由於當地人大多不會說英文，我們只能把想問的問題用google翻譯軟體翻出來，再拿給對方看，抑或是把超市看不懂的俄文食品標籤用手機掃描再翻回英文。

　　科技確實讓我們不至於陷入完全無助的狀況，但也沒辦法幫助我們和當地人來一場自在的交流，尤其是遇到親切的好人家，也只能把噎在舌尖的千言萬語轉換成一個大大的微笑。

　　在西班牙格拉那達，我們開始了人生第一次的語言密集課程。每天四小時的西文轟炸，從對話、文法到玩遊戲，全都用西文教學，就算聽不懂，也得想辦法從老師的肢體動作中拼湊出答案。透過不斷的練習，我的反應越來越快，無形之中也記起了不少單字。

　　語言的學習絕不會因為下課而結束，我試著用學過的句子跟餐廳店員點菜，或是在超市一邊買食材一邊學單字。西文的環境本身才是真正的教室，剛剛課堂上教過的單字可能下午就出現在某個我經過的地方，學習的速度瞬間加速了好幾倍。

　　唯一的挫敗大概是，西班牙人講話真的好快啊！

　　三周密集課程結束之後我們直飛南美洲，成果驗收就從阿根廷開始。還來不及反應過來，我已經能輕鬆的和計程車司機話家常，向民宿老闆問問題，語言的進步就這麼自然而然的發生了。

　　另一個好消息是，南美洲人講話比西班牙人慢一些，只是各國的腔調不大一樣。

　　就像不同的人說英文有各式各樣的口音，西班牙文也是。阿根廷人

講話像唱歌一樣，可以說是用義大利音調來講西文，而且有些城市把兩個 L 發成獨特的／sh／而不是一般的／ye／，所以我們剛到阿根廷的時候一直聽不懂當地人說的／asha／是什麼意思，後來才恍然大悟，原來是指「那裡（alla）」，因為我們學的發音是／aya／而不是／asha／。

　　跟阿根廷人聊到這個困擾的時候，他們只說：「等你到智利再來跟我說什麼是聽不懂的西班牙文。」沒想到這句話竟然在我們還沒離開阿根廷，只是坐上前往智利的智利巴士就印證了。當司機開始跟我們解講待會兒過邊境的行程時，我們竟一句話也聽不懂的驚恐，實在比領不到行李的心情還驚慌啊！

　　至於中美洲的瓜地馬拉則因為便宜的物價，吸引我們在那裡上了一周的一對一課程。我想，再也沒有人講話比瓜地馬拉人還慢。「現……在……來……講……未……來……式……」連所有南美洲人都懶得發的尾音也是認真且清楚的發出來，初學者如我都聽得有點不耐煩，只怕待久了就再也聽不懂速度 4 倍快的西班牙人講話了吧！

　　秘魯、玻利維亞和哥倫比亞的西文相對比較容易懂，南美洲人共同的發音除了省略尾音之外，常見的 z 和 c 不像西班牙人會把舌頭伸出來發出 th，南美洲人通通都說成 s。省略尾音又懶得伸舌頭，西班牙人似乎對於發音比較勤奮呢！而我們在南美洲待久了，舌頭也跟著越來越懶惰，乾脆跟著當地人一起把 s、z、c 通通都說成 s。

　　其實，到底要在哪個國家學西文，除了考慮各國不同的腔調口音之外，重要的還是要選擇自己喜歡的城市，才會有動力也會學得更開心。這本書有許多我提到的對話其實都是用西班牙文說的，大部分 airbnb 的主人、導遊、煮飯課的老師、路人、或是司機都不會說英文，但是透過語言的魔法，我們因此能更自在的旅行、認識更多的朋友、聽到更多的故事。

　　學語言，不就是為了更深刻的瞭解這個世界嗎？

離開拉丁美洲

　　老實說對於中南美洲的旅程是零期待，或者該説是負期待。出發前幾天我還一度想退縮，竟發神經的開始google搜尋南美洲＋危險，看了一堆被偷被搶被綁架的故事，開始懷疑這趟旅行的意義，甚至幻想在那裡可能會發生的意外。

　　漢克翻了白眼：「這都是萬分之一的機率，沒有那麼誇張。難道你看到一個飛機失事的新聞就不再坐飛機了嗎？」我想起大學財政學老師曾經跟我們一起計算出門後發生意外的機率，像是被車撞、被招牌打到……最後發現這麼高的出事機率，大家應該不要走出家門啊。

　　謝天謝地我們沒有被偷被搶，被騙倒是不少次，不過每當回想起在中南美洲的那四個多月，我反而只想起美好的事情。遇到不好的經驗或許會讓我對這個國家印象變差，但如果因為一次的壞經驗就不再旅行、不再相信別人，那這樣的人生只能平淡無奇了。

　　我不追求大風大浪，但我希望能不斷的擴大自己的舒適圈。

　　很多人問我們：「你們旅行那麼久，會不會到最後對於身邊的風景都已經無感了？這樣還好玩嗎？」工作的時候，難得的年假旅行幾乎每天都很興奮，可是當旅行成了三個月甚至更久，它就變成生活的一部分，你開始習慣每隔幾天就移動的日子，習慣你的生活就是那只行李箱。我承認讓我砰然心跳的美景變少了，但那不代表我不享受於其中。

　　我也開始習慣這兒迥異的人文風情。習慣拉丁風格的慢活，天塌下來也無所謂，從政府到民間的所有時刻表都是參考用；習慣巴士會突然停下來讓小販走上來賣東西，賣零食的小販甚至會把巧克力發給所有乘客，讓你鑑賞一番再決定要不要買，第一次我還以為是巴士公司送的呢！我也習慣紅燈的斑馬線上會有街頭藝人的表演、大使館會沒有紙可以印簽證、不是每個人都知道郵局在哪裡。從大驚小怪到習以為常，這

絕對不是麻木，而是試圖理解當地人的思維和生活方式，不再以自我為中心。

旅行不見得都是妥協，有時候也是挑戰。從小到大的教育教我們服從和避免衝突，但是旅行在外有時候反而讓人以為我們好欺負。我們從「算了算了」進化到「一定要申訴」，有一次我們付了馬雅遺跡資深導遊一日團的價格，最後卻被中途丟包給年輕導遊，我們不甘被騙，回到旅行社和老闆抱怨，他才同意退費。在秘魯彩虹山，旅行社答應租借的配備最後都沒提供，我們也回去理論。在玻利維亞天空之境，旅行社先收了4人分擔的價格，最後來了7個人，我們回去要求退差價，老闆娘竟然嫌我們麻煩，簡直莫名其妙。這些都不是計較，而是不要讓不肖當地商人以為遊客是肥貓，卡點油無所謂。

從不同的當地文化以及和不同國家的旅人相處，我們也更加了解自己、建立了自己的原則，像是堅決小費不給旅行社的建議價格，而是要依據當時的服務而決定金額。遇到比我們艱苦克難的背包客，我們了解他的故事是常人眼中的「酷」，但卻不是我們要的方式。當認識60多歲還拿著大背包旅行的老夫婦，我們期許自己不要因年齡設限人生的可能性。

除了人生的體悟，當然也有我們兩人磨合的成長。每天24小時黏在一起，爭執次數不免比較多，想起我們在瓜地馬拉的除夕夜因為漢克已經不知道第幾次把馬桶用不通而在屎味中大吵架，還有第N次在餓肚子的狀態中因迷路而翻臉，以及在漢克貪心的每天排滿行程的兩個月後我對他大吼「我好累我要放假！」他才真的排出一天休假日。除了對兩人的個性更了解，也更加感恩與珍惜對方的優點，因為在路上長期旅行的人多半是一個人，能夠夫婦兩人一起這樣旅行的真的少之又少。

或許對待每一趟旅行都該是從零開始，才會敞開心胸面對不同的文化，人生是否有所不同的體悟都是其次。現在寫出對中南美洲滿滿的回憶與想念，再想起旅行前多餘的擔心，我只能一笑置之。

私房旅遊攻略

阿根廷

住宿（布宜諾斯艾利斯）

1. L'adresse：在San Telmo，附近安全，周末古董街很有名。
2. Airbnb：Cómodo y luminoso estudio en Palermo Soho，在Palermo的一個小公寓，距離地鐵站走路15分鐘，靠近Palermo Viejo（夜生活很熱鬧），這區很安全。

行程（布宜諾斯艾利斯）

1. 參加了一個很棒的La Boca walking tour叫做Buenos Aires Free Walks，價格是AR$ 200，英文導覽講解得很好，不用預約。
2. 喜歡跳舞的可以去La Viruta Tango Club，入場費AR$ 130，和當地人一起跳各種舞蹈非常好玩又難忘。

美食

1. 牛排：阿根廷以牛立國，畜牧業發達，牛肉的品質極高。在餐廳最常見的兩種牛排為沙朗（Bife de Chorizo）及肋眼（Ojo de Bife），物美價廉，點了準沒錯。
2. Asado烤肉：在阿根廷街上，最常見的餐館就是Parrilla（發音似「Pa-li-sha」），在這些總是炊煙繚繞的食肆裡，你可以品嘗到各種不同口味的阿根廷烤肉。此外，由於Asado這個字原本是用在私人的烤肉聚會，所以最好的品嘗地方就是阿根廷朋友家囉！當然旅行的時候如果沒機會交到知己，許多郊區的民宿或名叫「Estancia」的豪華牧場都會提供這樣的私人Asado服務，

享受美味烤肉的同時，斟上一杯紅酒，與旅伴或幫忙烤肉的侍者閒話家常，好不快活。

3. 阿根廷炸餡餅（Empanada）：街頭巷尾最常見的小點心，形狀類似咖哩餃，裡面的內餡種類多樣，不過還是以牛肉炸餡餅最受歡迎。咬一口剛出爐的餡餅，外酥內嫩，燙口的牛肉肉汁與醬料迸發而出的美味令人總是無法抗拒，有機會的話一定要買來試試。

4. 彩虹鱒魚（Trucha Arcoiris）：阿根廷湖區Bariloche附近的名產，有許多不同的料理方法，我們比較偏好以檸檬清爽調味的鱒魚。

5. 巴塔哥尼亞烤全羊（Cordero Patagónico）：寒風凜凜巴塔哥尼亞地區遠近馳名的必嘗菜色，El Calafate（加拉法特）街上賣烤全羊的店鋪林立，在零度氣溫之下進去飽餐一頓，保證暖了胃身子也暖了。

6. 駱馬（Llama）料理：阿根廷西北高原的特產，在各個小鎮的小餐館中，文火慢燉的駱馬肉搭上美味的蔬菜醬汁，也許可以讓你一試成主顧。

7. 許多人到世界的盡頭烏蘇懷亞（Ushuaia）總會吃上一頓南極帝王蟹，我們也不例外，但吃完之後的心得卻是覺得台灣的紅蟳好吃太多太多了！也許是運氣問題，我們吃到的帝王蟹肉既不紮實蟹管也空空如也，且價錢不便宜（AR$800，約台幣1,600），讓人有些失望。

智利：復活節島

住宿

Camping y hostal tipanie moana，雖然人很多但不會覺得很擠，我們訂的共用衛浴雙人房非常西曬，而且房間很小，但整體乾淨且共用廚房很大，浴室很多間。缺點是位置稍微遠一點，要走十幾分鐘到主街。

網路

ENTEL是唯一在島上可用的電信商，所以記得買這家的SIM卡。

智利：阿塔卡馬沙漠

行程

1. 可與玻利維亞烏尤尼天空之境做連結，許多旅行社提供從玻利維亞出發抵達阿塔卡馬的三天兩夜行程，反之亦然。
2. San Pedro de Atacama鎮上有許多旅行社可以預訂周邊的一日遊行程，若要找到最便宜的話直接到當地再詢價最划算，但若時間有限還是建議先e-mail聯絡敲定行程及價錢。我們找的旅行社是Desert Adventure（http://desertadventure.cl/?lang=en），可在網站上填表詢價。

厄瓜多：加拉巴哥群島

景點

　　Santa Cruz：Darwin Center達爾文中心看小烏龜、Turtle Bay海邊超級美、Highland tour通常需要包車（40美金左右）可以參觀火山口、岩漿隧道和巨大陸龜。

住宿

1. Santa Cruz：Patty Hospedaje距離市區有段距離，服務很好，房間有自己的廚房。
2. San Cristobal：Casa de Jeimy位置很市區，頂樓有一個很大的公用廚房。

郵輪 vs 跳島？

　　大家在前往加拉巴哥群島之前最頭痛的莫過於選擇郵輪或是定點跳島，我們就來比較一下兩者的優缺點。

1. 郵輪：油輪多半是四天三夜左右，好處是因為睡在船上，可以省下來回島上的交通時間，去到比較遠的小島浮潛和欣賞動物，因此有機會看到更多動物。但是好的郵輪價格比較貴，對於會暈船的我當然也是敬而遠之。
2. 跳島：我們選擇跳島，各分了

三天住在兩個主要的島Santa Cruz和San Cristobal，跳島缺點是沒辦法去到太遠的小島，只能選擇旅行社有提供的一日遊行程，價格比郵輪便宜，不過有時候坐船到目的地的距離也要兩三小時，因此通常都是早去晚回，滿累的。我們去了Pinzon島浮潛一日行程一人100美金。如果選擇跳島，飛機票最好是買從Santa Cruz進，從San Cristobal飛出或反之，才會省時間。

秘魯與玻利維亞：的的喀喀湖

住宿

1. Puno：Posada del Qolla位置好、便宜且早餐滿豐盛的。
2. Copacabana：Hostal Las Olas每一間房間都是獨棟而且風格從建築到內部完全不同，非常舒服而且可以俯瞰湖景。
3. Uyuni：Hostal Reina del Salar，位置很好，早餐豐盛。
4. La Paz：Hostal Iskanwaya。

旅行社

穗高或Brisa，兩家都在同一條街上。日出和日落團一車7人，前一天先到旅行社門口填上自己的名字，付部分費用，最後依照當日實際人數多退少補。我們問到穗高一車BOB900但Brisa給BOB800所以我們選Brisa。前一天報名只有5個人，所以我們先付了5個人分攤後的價格，當天來了7人，所以結束後去找老闆娘拿錢，沒想到她竟然不高興還說我們找她麻煩，真不可思議。這兩家旅行社好壞評各半，就看你當下覺得哪個服務比較好，或是依照已經報名的人數作決定。

馬丘比丘

前往馬丘比丘有兩個方式：
1. 挑戰走印加古道

| 優點 | 古道上可以看到很多美麗的印加遺跡，而且必須跟團所以會被照顧得很好。 |
| 缺點 | 團費貴，且至少需要四天才能走完全程。 |

　　推薦Alpaca Expedition這家公司的經典印加古道4天3夜團（2018年團費665美金），服務一流，而且是秘魯人開的公司，對員工待遇較好。雖然價格高一些，但是很值得。網站：https://www.alpacaexpeditions.com/。

2. 大眾交通工具

| 優點 | 省錢且只需要一天即可參觀完馬丘比丘。 |
| 缺點 | 無法靜心體驗印加古道的偉大。 |

　　先坐火車或公車到熱水鎮住，隔天一大早搭接駁巴士前往馬丘比丘。

小叮嚀

1. 爬山採取洋蔥式穿著，排汗衣穿最裡面，因為爬山時會留很多汗，接著可準備中層衣和羽絨防水外套，沒有走動和晚上都會用到。褲子最好是防水的登山褲，登山鞋比一般球鞋更能防滑比較安全。另外自行攜帶快乾小毛巾、很多濕紙巾（用來擦身體）、衛生紙、頭燈、乾洗頭噴霧（清爽頭皮都靠這瓶了！），怕身體不適的話高山症藥、腸胃藥、頭痛藥、退燒藥等都帶著。參團時記得加租睡袋和登山杖，空氣地墊只有我們沒加租，但是覺得睡袋已經很舒服了。
2. 參團前一晚可選擇住在庫斯科、Urubamba或Ollantaytambo，越後者越接近登山起點，所以可以睡晚點。
3. 爬山途中可以和當地人買有趣的當地飲料Chicha嘗試。

古巴

交通

1. 長途客運：最知名的長途巴士公司為Viazul，在各大城市車站或市中心皆有售票點，只是座位有限熱門路線票很難搶，且車子也不是特別舒服。另外古巴國營旅行社Cubanacan除了賣許多套裝行程外，也兼賣主要熱門城市間的Transtur巴士車票（雖然路線沒有Viazul多），車子不但新且座位很舒服，非常推薦大家長途旅行搭乘。Transtur的車票可以在哈瓦那位於Hotel Plaza裡的Cubanacan櫃台購買（要有心理準備排隊），若你已經確定全部古巴行程也可以在這裡一次把票全部買完，省去多次購票及排隊的麻煩。

2. 國內航班：若有計畫往古巴東邊的城市（如Santiago de Cuba或Baracoa）旅行，可以考慮至少選擇去程或回程搭乘國內線航班，省去20多小時的巴士車程。

餐廳

　　在古巴最方便的就是在所住的Casa民宿用餐，不過由於古巴的烹飪方式較少受到外界刺激，且食材物資相當侷限，早餐通常就是蛋、火腿、吐司、水果搭上咖啡及果汁，而午、晚餐的主餐就是肉品用最簡單的鹽巴調味，有時候較為單調無味。通常早餐標準價格為5CUC／人，而午、晚餐則是10CUC／人，以古巴物價而言並不便宜。以下提供一下外食的選擇，讓你在Casa吃飯之外還有別的選擇：

1. Jazz Café：位於海邊大道Malecon旁的音樂餐廳，晚上越夜越美麗，每天有不同的樂團駐唱，可以邊用餐、小酌兼欣賞音樂，特別推薦這裡的龍蝦海鮮燉飯。（位於城市Havana）

2. Café Arcangle：位於老城區西邊的早午餐咖啡館。（位於城市Havana）

3. Restaurante La Juliana：售賣以CUP計價的便宜美味古巴餐點還有Pizza。（位於城市Havana）

4. Tien Tan Chinese Restaurant：位於中國城的中式餐館，若是吃不慣古巴菜的話，可以來這邊解解饞。（位於城市Havana）

5. Paladar Ache：離港口不遠的古巴當地料理餐廳，用餐氣氛不錯，服務好而且料理品質在水準之上。（位於城市Cienfuegos）

6. Taberna el Barracon：我們古巴之旅最愛的餐廳，不但有浪漫的露臺用餐環境，龍蝦料理也非常值得一嚐，特別推薦龍蝦燉飯Paella with lobster和主廚龍蝦料理Chef Lobster。（位於城市Trinidad）

住宿

古巴幾乎家家戶戶都兼營民宿，除了直接寫e-mail給民宿主人之外，最直接簡單的方式就是透過Airbnb來預訂。古巴國內上網不便，不管是e-mail或Airbnb訂房若未即時收到民宿主人回覆切勿心急，請稍待幾天仍無回音再行確認。

網路

最容易的上網方式就是在國營電信局Etesca購買每張1.5CUC的刮刮卡，上面有帳號密碼，可以到市區指定區域使用無線網路30分鐘。由於頻寬有限，建議若要上網最好在冷門時間前往。

購物

古巴只有國營超市，裡面售賣的物品極少，且每種商品基本上只有一個品牌。不過在這裡倒是可以購買一些當地的飲料酒水之類的帶回Casa享用（尤其是源自古巴的Rum朗姆酒）。另外，若需要購買飲用水的話，超市是最便宜的選擇，若是在超市關門時間在外面商店買水的話，價格可是會飛漲的喔！（反之，超市開門時外面水價會變便宜，很有趣。）

馬雅遺跡

美食

1. 我最愛的中美洲食物就是 Tamale，類似粽子，裡面包肉，超級好吃。
2. 墨西哥最有名的當然是捲餅 tacos，配上各種肉和辣醬真是美味，但是辣醬真的超級無敵辣。墨西哥食物非常獨特，種類又多，有機會的話一定要多嘗試。在土倫有一間超好吃又便宜的Taco小店必吃，叫做 Antojitos La Chiapaneca。

住宿

Palenque特別推薦一家民宿叫做Casssa vlanca，老闆很熱情。

小叮嚀

進入各個遺跡要記得帶足夠的水，裡面的水價都是市區的兩倍起跳。

哥斯大黎加 Corcovado

交通

距離Corcovado國家公園最近的城市是Puerto Jiménez。從首都San Jose到Puerto Jiménez可以坐九個多小時的蜿蜒巴士或是直接搭國內線飛機（Sansa Airlines或 Nature Air）。國內線飛機是超小的12人座小飛機，櫃台會很認真的秤行李，所以要特別注意，我們來回的飛機都只有我們兩個

乘客，好像擁有私人飛機喔！

熱帶雨林團

哥斯大黎加有非常多的國家公園可以選擇，我們最後決定去Corcovado主要是因為覺得這裡比較原始，遊客也較少。我們兩天一夜從Carate走到Sirena大概二十多公里的行程幾乎沒遇到什麼跟我們走一樣路線的人，

大部分人都是一日遊或是坐船到Sirena住宿點。雖然二十多公里真的很遠很累，但是我覺得非常值得，因為在森林中看到了好多有趣的動物，甚至在亞馬遜的森林都沒有這裡容易看到。我們參加Surcos Tours的兩天一夜Corcovado團一人是247美元，有私人導遊，包含住宿和晚餐。

網址https://surcostours.com/home/

Chapter 04

／世界彼端，回流西亞中東

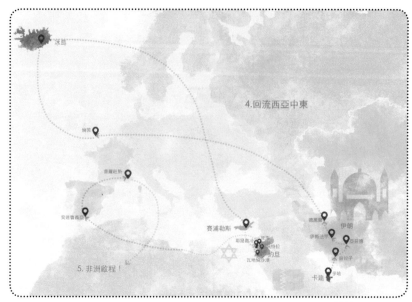

繪圖：Rosanne

　　將近五個月如夢似幻的拉丁旅人時光，就在哥斯大黎加Liberia城飛往美國紐約的聯合航空上畫下了句點，看著逐漸遠去的拉美大地，我和克莉絲汀心中的不捨突然間好濃烈。

　　相較於初抵拉丁美洲時那忐忑不安的懼怕心情，現在的我們反而已經開始懷念那帶著點混亂和浪漫的隨興生活模式，而紐約這高度文明且規劃整齊的現代大都會，恰好是非常鮮明的對比，也因此讓我們感到有點太過規律的不自在。

　　路過美國，除了藉機拜訪許多求學時的朋友，純粹是借道前往不在意料中的目的地－伊朗。

　　聽起來有點諷刺，作為制裁伊朗核心的美國，移民官要是知道我們的最終目的地，那可是沒完沒了。這個位在地球彼端的神祕國家，原本不在我們的旅行地圖上，但一路上旅人們告訴我們的許多伊朗故事，讓我們最終甘心冒著未來入境美國的許多麻煩，也要前往一探究竟。

　　於是，從美國西岸的舊金山，我們飛越大半個地球，輾轉停留香港轉機到卡達多哈市，準備開展在西亞中東截然不同的嶄新旅程。

古波斯文明的曙光
──伊朗

〰〰〰〰〰〰〰〰〰〰

「各位先生女士，歡迎來到設拉子（Shiraz）。」在空服人員廣播之時，身旁的外國女性乘客們紛紛從包包裡拿出自己準備好的頭巾披在頭髮上，伊朗到了。

我也帶上在多哈轉機時特意買的黑色頭巾，才不到清晨六點我們就抵達住宿處。迎接我們的是Mohammed & Mehrane夫妻，他們租下一棟老宅的二樓，把唯一的小房間當作客房，兩人就在客廳角落打地鋪睡覺。Mohammed悄聲地跟我們說：「不好意思！現在還有客人在房間睡覺，沒辦法大聲講話。」然後指著旁邊的地舖說：「你們一定很累，就在這裡睡一下吧。」我們連忙搖頭，怎麼好意思睡他們的床。但他們堅決要我們睡一覺，結果等我們醒來，房間裡的荷蘭客人早已盤腿坐在地上吃早餐。此時終於聽見小夫妻愉悅的聲音：「快來吃早餐吧！」

香噴噴的烤餅，配上酸奶油、花生抹醬、小黃瓜切片，還有水煮蛋，是伊朗的道地早餐。雖然簡單，但卻是滿滿的是主人好客的心意，也讓我們初來乍到就感受到伊朗人情的溫暖。

▍千年古波斯文明的古往今昔

伊朗的每個城鎮都有值得參觀的古老清真寺，但再怎麼古老，都比不上古波斯文明。兩千多年前的波斯帝國中心就在我們的第一站設拉子近郊，西元前518年建造的都城波斯波利斯（Persepolis）。開車載我們去的年輕導遊是Mehrane的朋友，一坐上車他馬上興奮的和我們介紹伊

朗的歷史。

　　說了20分鐘，他呼了口氣：「很複雜對吧！搞不清楚也沒關係。你們今天只要記住居魯士和大流士就好了。」居魯士大帝（Cyrus the Great），偉大且寬容的統治者、是波斯帝國的創立者。大流世（Darius the Great）則是繼居魯士之後第二個偉大的統治者，他們所建立的波斯王國是歷史上第一個橫跨歐亞非的帝國。究竟這樣一個帝國的權力中心會是什麼樣子呢？

　　好險導遊前一天有提醒我們帶傘遮陽，因為天氣真的非常悶熱，而且整個景點幾乎沒有遮蔽處。遺跡的入口是一個非常寬廣的大道，經過安檢，走上一個據說是設計讓賓客騎著馬上去的寬闊階梯才終於看到遺跡全貌。

　　好大的佔地！我們站在高聳的萬國門前，導遊說：「現在想像你們是前來朝貢的外國使節，首先得通過萬國門（Xerxes' Gateway），仰望有著老鷹翅膀的巨大人頭馬身像，懷抱敬畏的心情，走到阿帕達娜宮等待。」雖然宮殿僅剩下地基和殘破的柱子，但是從柱子留下的精細浮雕不難看出過去繁華的蛛絲馬跡。

　　前方難得出現一片鐵皮屋頂，原來是在保護這裡最重要的看頭——阿帕達娜宮的階梯浮雕。難得完整的一片牆詳細紀錄了當時前來進貢的各國使節和帶過來的供品，是個又長又熱鬧的隊伍。導遊熟悉的向我們

介紹：「你看，這個捲髮的造型是伊拉克人，這邊是亞美尼亞人帶著他們盛產的酒，還有帶著母獅和小獅子的非洲人，最有趣的是有小眼睛的東方人……」不同國籍的髮型、長相和衣著全都細膩的被描繪出來，讓我們看得目不轉睛。

　　縱然因為年代久遠，伊朗的古波斯文明遺跡所剩不多，幸虧帝國的首都仍保留著，雖已殘破不堪，但是牆上的浮雕和古文字依舊能提醒伊朗人他們祖先曾經的輝煌歷史。

　　波斯王朝的學習在設拉子告一個段落，接下來的伊朗旅程主要是欣賞後波斯回教文化的美麗清真寺。清真寺固然美，但伊朗人的心更美。每當和一個當地人聊天，就會增加我們對這個國家的喜愛。伊朗人自豪他們國家的秩序和安全，我確實感受不到危險，而且就算真的遇到困難，他們的樂於助人總是讓我們很放心。

　　伊朗的祖先是世界上第一個領土跨洲的民族，現在的伊朗卻是受到歐美各方壓制而必須自立自強的國家。他們打造自己的品牌，建立自己的金融制度，強化自己的國防武力，寧可不妥協也不接受不平等協定。我們住在德黑蘭的民宿主人是個曾經在英國念碩士的研究學者，能拿到簽證出國念書工作的伊朗人，絕對是最優秀的菁英。和他聊到伊朗近況時，他憤恨的說：「美國一直指控我們有核子武器又找不到證據，還要求我們實施一些措施才願意解除金融制裁，但當我們做到了，他又說看

不出伊朗的努力，要繼續制裁。你們想想，歷史上不就只有美國曾經使用過核子武器嗎？那為什麼他們能擁有武器又不受制裁呢？」

我想，要不是伊朗有堅強的武力，今天或許早就被動盪的鄰近國家入侵或是強勢的歐美霸權介入，成為下一個伊拉克和敍利亞。而若我今天沒有來這裡，也不會聽到世界彼端的故事，知道伊朗是多麼努力生存的國家。民宿主人最後說道：「其實我可以在英國繼續待下去，但是我和妻子選擇回來，因為我們只想替自己的國家貢獻。」

旅行，是透過自己的眼睛去看世界。我看到的伊朗人，果然流著居魯士大帝的血液。

登機了，一踏進機艙，我立刻摘下戴了十幾天的頭巾。伊朗對於女性穿著的嚴格程度，連我離開伊朗一周後，都還會突然以為自己現在該戴頭巾卻沒帶而嚇一跳，好似沒戴頭巾就跟裸體一樣不自在，不過這又是另一個故事了。

▍伊朗文化的神秘面紗

伊朗的文字是波斯文，乍看之下很像阿拉伯文，但其實字母和發音都不大一樣，就像英文和法文同樣用羅馬拼音，但卻完全是兩種語言。和阿拉伯文一樣，波斯文也是從右邊書寫到左邊，非常有趣。波斯文的數字不是我們熟知的阿拉伯數字，所以最好把0到9先記起來，旅行時會很有幫助。

回教國家男女有別，女性遊客也被嚴格要求戴頭巾並穿上寬鬆的長袖長褲。德黑蘭的地鐵有分男女車廂，讓我和漢克不得不分開乘坐，公車也是，前半部是給男性乘坐，隔了柵欄的後半部才是女性座位。

伊朗人非常喜歡喝茶以及抽水煙，和當地人聊天後發現他們也像華人一樣，知道食物的熱性和涼性喔！每個人的家裡都一定有地毯，除了有錢人，一般人在家裡都是坐在地毯上吃飯，沒有用桌子的。

Tarof是一個跟中華文化很相似的習慣，就是「客套」。若大家一起吃飯，伊朗人說要請客，可別信以為真，那只是客套話。我們參加完

沙漠團的那天，導遊把我們載到住宿點，下車後我準備好費用拿給他，他竟然對我揮了揮手說：「沒關係，等一下再給。」明明就要說再見了，還在tarof，而我第二次塞錢給他，他就立刻接受了。對於這樣的文化，我們總是不確定到底他是真的要這麼做還是只是在客套，問了一個民宿主人，他給的建議是，如果你跟他tarof了三次他還堅持，那應該就是他真的想要這麼做。

▌ 伊朗的第一次接觸

　　伊朗人的熱情展現在各個層面，也讓我們體驗了人生中很多的第一次。

　　第一次有當明星的感覺。

　　「可以跟你拍照嗎？」幾乎每天都有人這麼說，尤其是當我穿上整套在多哈買的阿拉伯全黑長袍時。那天在參觀詩人Hafez美麗的墓園，一位身材圓滾的婦女突然拉住我，一邊說她是教攝影的教授，一面喊她的學生來幫我們在不同的背景下合影，在好幾個專業大相機的包圍之下擺姿勢，好似圓了我當明星的美夢。可惜我拜託學生寄些照片給我留念，到現在都還沒收到。

　　第一次不停地被搭訕。

　　伊朗人是不是天使來著？不僅讓我當上明星，還可以天天當正妹。搭訕次數多到我能歸納統整出幾種模式。第一種是害羞模式，他們會先跟你說聲嗨，當你回應的時候，他們就咯咯偷笑的走開。另外還有比較活潑的，「嗨！你從哪裡來？」「台灣來的。」「謝謝！歡迎來到伊朗。」這種問券調查的模式幾乎天天上演。若是在觀光景點周遭，則是較常遇到語言學習模式的搭訕。在伊斯法罕的伊瑪目廣場，兩個年輕的學生走過來，「哈囉！我們想練習英文，可以和我們一起喝杯茶聊個天嗎？」第二天我們因為又想吃番紅花冰淇淋再度回到同一個廣場，一位牽著單車經過的老人停下來問我們是不是日本人，說他正在學日文想練習日文，要不要一起喝茶。伊朗人民對於學習語言還真有興趣啊！或許

大家更好奇我們有沒有跟他們去喝茶？答案是有！若換作是其他國家，我們應該不可能跟著陌生人走，但是在伊朗，一股莫名放鬆的氛圍就是讓我們想和他們聊上幾句。最後到底聊了些什麼？其實就是一段文化交流。第三天，我們回到同樣的廣場買明信片，耳邊傳來一個熟悉的聲音，「你長得好像我奶奶，我正在學英文，要不要跟我們一起喝茶聊天。」轉頭一看，是第一天遇到的那兩個年輕人，不過這次搭訕對象是一對西方老夫妻。

第一次接受陌生人的食物。

我們走在伊斯法罕的河邊散步，欣賞不同的橋，因為是週四（回教的周末是周五和周六），好多人在野餐。一個帶著小孩在樹下野餐的媽媽和我對上眼，衝著我笑。我打了聲招呼，她竟揮揮手叫我們過去，然後包了一份她自製的肉餅給我們吃，包著九層塔的肉餅超級好吃。另外一次，我們坐巴士前往Kashan，當我們正在訝異司機怎麼開在兩個車道的中間，還一邊拿出資料指導學徒，完全沒在看路，坐在旁邊的婦女默默地拿出了一根香蕉和蘋果分給我們吃，這樣難忘的經驗真的只有在伊朗才會遇到啊！

番紅花使用無極限的料理
——伊朗

香味能誘發人們心底最深層的記憶，不管我們長得多大、走得多遠，只要一聞到熟悉的家鄉味，腦海馬上就能想起小時候媽媽從廚房端出來的思念滋味，或是故鄉街頭一角那小販售賣的美味小吃。

這個道理放諸四海皆同，不管對哪個種族都管用。

香辣咖哩味是印度人的思念，茴香味的料理及藥酒是希臘人的驕傲，炸魚薯條的誘人香味是英國人無法抗拒的迷魂香，中秋節萬家烤肉香則是台灣人共同的童年回憶。而對伊朗人來說，番紅花的香味便是那每個離鄉遊子尋尋覓覓的家鄉味。

其實，番紅花不只是伊朗人的家鄉味，若是對歐式菜餚稍有了解的朋友，就會知道番紅花是西班牙名菜海鮮燉飯的靈魂，而沒有了番紅花香味的海鮮燉飯，就跟失了靈魂的軀殼一般，黯然無色。

番紅花是一種極為耐旱的植物，由於氣候及水土條件的限制，全世界除了伊朗大量種植之外，就只有西班牙、希臘及印度有少量種植。由於量稀價揚，伊朗種植的一級番紅花，一克的價格更可以超過黃金，因此得到了「紅色黃金」的美稱。

聚積三千年的種植歷史，加上獨一無二的氣候環境，使得伊朗生產的番紅

花不但香氣濃郁，且產量獨佔全世界七成以上，可謂是實實在在的伊朗「國寶」。

在伊朗，番紅花入菜不是王親貴族的特權，從平民百姓的家常菜、店鋪中販售的糕點糖果、到各種街頭小吃都可以見得到番紅花的身影。這嬌貴的香料在別的國家廚房中加入兩三蕊就已屬奢侈，但在伊朗卻好像鹽巴或胡椒似的調味料一樣，豪氣地使用在各式菜餚中。

其中令我最印象深刻的就屬番紅花烤雞，在Varzaneh兩天一夜沙漠團的那晚，導遊Ashkan說要做一道伊朗經典的菜餚給我們吃。當夜幕低垂，他在家中院子裡升起熊熊烈火，待木炭燒白，再拿出伊朗特製的雙面烤肉夾，把已經用番紅花醬汁醃製過的雞肉攤平在其上，全部定位妥當後便放到炭火上慢火細烤。隨著Ashkan熟練地兩面翻烤，番紅花醬汁與雞肉逐漸融合為一體，轉成了令人垂涎欲滴的金黃色澤。這一晚，我們雖然身處沙漠地帶，但香氣撲鼻的番紅花烤雞配上番紅花水烹煮米飯的奢華晚飯，讓我們有種置身於王宮中的迷魂錯覺。

好希望能一直身處這樣的錯覺當中，為此我隔天馬上請Ashkan帶我去買一包1克只要台幣70元左右的伊朗番紅花，希望回台灣後仍能循著番紅花的誘人香氣尋覓回我們在伊朗的美好足跡。

炙熱如伊朗的沙漠氣候，另外一樣令人無法抗拒的美食就是加入了番紅花的冰淇淋。當我們在伊斯法罕的大廣場上第一次嘗試到這一味時，那特殊的香氣伴隨著沁涼的冰晶滑入喉間，既消暑又美味至極，令人有種「此冰只應天上有」感嘆。昂貴如番紅花的香料，竟然在伊朗可以是冰淇淋的口味，這在我走遍快六十個國家以來還是第一次見到，也再次印證番紅花在伊朗的「國寶」地位，及其普及民間的程度。

如果你也來走一趟伊朗，那你一定不能錯過番紅花那迷人的地道香氣！

在極北遇上最大風暴
——冰島

　　雖然極度跳tone，但是由於我們找到了從伊朗前往英國的便宜機票，再加上或許厭倦了在伊朗的炎熱沙漠氣候，我和克莉絲汀決定讓自己急凍一下，從中東直接前往冰火之心－冰島。

　　一直以來，電影白日夢冒險王中的美麗風景，深印在我們的腦海裡，原本考慮冰島作為我們數年前結婚時的浪漫蜜月目的地，但卻遲遲沒有機會到訪，也因此這次雖然千里迢迢，我仍然堅持前來，算是作為我們倆的二度蜜月吧。

　　位於極北的冰島，縱然是夏季之初的五月，我們抵達的夜晚卻是凜冽的狂風大作，在機場領了租車的鑰匙後往外頭走，寒風刺骨之極令人寸步難行，光是找到我們的車就已筋疲力竭，在這裡，大自然的威力及人類力量的渺小，嶄露無遺。

　　在冰島開車環島，可以說是奢侈的享受，雖然計畫以六天五夜環島的我們，每天必須開上300-400公里的車，但沿途景觀變幻多端，瞬息萬變，從一望無際的荒蕪草原、飄雪的銀白世界、奇險的火山地形、到蜿蜒的峽灣道路，我們的路程彷彿快速地翻閱無數的明信片一般，完全沒有一刻讓人感到無趣。

　　而極端的嚴峻天氣，也不遑多讓，意圖想要在我們的旅程中增添一份不平凡。

　　環島第三天，我們預計要通過冰島東南部的Vik前往東部，但前一天的大風暴，讓這一區的道路持續封閉，不信邪的我們，仍然堅持前往一試。

　　就在下午三點道路開放大限之前，路管單位終於聽到了我們心裡的呼喚，放行了等在入口殷殷期盼的眾多駕駛們。一行車龍像猛虎出籠般，疾駛向東。「咻咻咻！！！」才進入管制區不久，我們的車就因為迎面而來的狂風暴，左右劇烈搖擺，而四面八方飛沙走石，伸手不見五指，能見度大概就僅剩下前車的車尾燈，就我有記憶以來，還真的不曾遇過這樣的巨大風暴，而身處在風暴的中心，我們能做的只有對大自然力量的懾服，並祈禱雨過天青。

　　人生中最長的兩小時，終於在暴風稍歇，雲霧退散且暮色籠罩大地時結束，此時的冰島大地又回到絕美的靜謐，彷彿風暴不曾來過。

　　冰島的六天，花上了我們過去幾個月背包旅行將近等同20天的預算，原先克莉絲汀嫌貴不想來，但我說：我們這趟旅行的初衷，不就是把握當下，活出精采嗎？既然有機會來到這遙遠的夢想之地，何以不為？錢再賺就有，但美景和回憶無價。

　　當飛機飛離冰島大地，克莉絲汀緩緩地對我說：「這樣美得令人窒息的地方，怎麼可能不再回來？」

世上僅存的分裂首都
尼古西亞 Nicosia ——賽普勒斯

也許，我們都以為隨著德國柏林圍牆的倒塌，世界上已沒有分裂的首都城市，但事實上，在地中海一隅的小島賽普勒斯，首都尼古西亞（Nicosia）自1974年土耳其軍隊佔領之後，已經分裂成南北兩部分超過四十年的時間。

來到賽普勒斯的我們原本沒什麼期待，只是純粹因為有極便宜的機票，可以讓我們從冰島回到以色列繼續進行我們的中東行程，但沒想到尼古西亞的這個分裂首都的歷史及現在景況，竟然帶給了我們在這個小島上難忘的體驗。

國際上普遍承認的賽普勒斯，是以希臘裔居民為主的南賽普勒斯共和國，自從2004加入歐盟之後，經濟發展就與北部的土耳其裔為主的北賽普勒斯土耳其共和國漸行漸遠，而穿過首都尼古西亞的市中心的，是一條俗稱綠線－在1974年戰爭後由聯合國劃定且由維安部隊鎮守的緩衝區（Buffer Zone）。

為了一睹這一區域的景象，我們在南賽普勒斯參加了旅遊局所規劃的免費街區導覽（free walking tour），跟隨著導遊，我們走在這原本該是繁華非常的市中心，但我們如今所能見到的，只是一棟棟殘破不堪、年久失修且大門深鎖的荒廢建築，彷彿鬼城一般。

「以前尼古西亞的首都機場也在這條綠線上，但自從戰後就已荒廢，現在已經是養蚊子的建築。」導遊這樣打趣地跟我們說，言語中也透露出了一絲無奈，我們望向北邊，映入眼簾的是高聳入雲霄的土耳其式賽利米耶清真寺，在在地提醒駐足此地的人們南北分裂的事實。

南賽普勒斯基本上是個度假勝地，海灘處處，沒閒錢揮霍的背包客

如我和克莉絲汀，過不了兩天便開始發悶，於是決定跨過南北中線，往
北賽普勒斯土耳其共和國探索去。

　　邊界關卡其實就位於市中心的萊德拉街（Ledra Street）上，踏出南
賽普勒斯時沒人會搭理你（畢竟南賽普勒斯官員不承認北賽，所以也不
認為你已離境，但也因此必須特別注意應避免北進南出或南進北出的行
程，否則會有簽證問題），再走長約一公里的荒蕪道路，就可以抵達北
賽關卡，而北賽普勒斯接受大部分國家免簽入境，移民官員快速瞄了我
們護照，把入境章蓋在另一張紙上就放我們過關了。

　　到邊界接我們的是Airbnb的男主人Belgin，車行剛抵達市區，我們
就像是進到了第三世界的落後中東國家一般，市景殘破、房屋老舊，而
街上斗大的土耳其文招牌、及手機收到的土耳其電信訊號，都讓我們恍
如隔世，不敢置信竟然只是一線之隔就已是天壤之別。

　　「你們從台灣來是嗎？台灣在北賽普勒斯很有名喔！大家都知道！」Belgin語出驚人，嚇了我們一跳。原來，Belgin他在政府相關部門工作，在南北賽過往的雙邊會談常會參與會議，而台灣在國際上的相似處境，就成了北賽普勒斯準備相關議題時的絕佳範例，也因此知名度極高。

　　「你們知道嗎？我們北賽普勒斯的護照就只能入境土耳其和英國，其他國家一概不承認。所以我們要去其他國家，就只能去申請南賽普勒斯護照，但現在越來越困難了，我幫女兒申請南賽的護照已經過好久了都還沒被批准……」Belgin似乎打開了話匣子，繼續跟我們訴說北賽普勒斯的處境。聽到這裡，我和克莉絲汀頓時有些沉默，一直以來，我們總是憤恨著台灣因為中國的打壓，在國際上的困難處境，但卻沒想到在世界的這個角落，竟然有人的處境比我們更加艱難。至少，雖然台灣的護照常在申請簽證時只能選「China」作為國家，但卻足以讓像克莉絲汀和我這樣的背包旅人，暢行無阻地進出這世界上大部分的國家。想到這裡，也許我們應該感到幸福，不是嗎？

　　晚上，我們到民宿主人推薦的餐廳，吃到了人生中最好吃的Pide土耳其披薩，喝著香氣四溢的土耳其紅茶，最後離開時，付的錢也是土耳

其里拉。這裡的一切一切，都好土耳其，但卻是在賽普勒斯的土地上。

　　從沒想到，這趟旅程會帶領我們來到一個這樣特別的國度，讓原本對賽普勒斯沒有任何期待的我們，又驚又喜的上了一趟紮實的歷史地理課。臨走北賽普勒斯前，我們對Belgin夫妻說道：「希望你們的未來一切都好！」也許，在說這句話的同時，我們心中所想的也是美麗的台灣寶島吧！

漢克碎碎念

　　由於南賽普勒斯共和國視北賽普勒斯為土耳其非法佔領區，因此遊覽賽普勒斯最好遵守「南進南出」的規則。若是從北賽普勒斯入島，想要入境南賽普勒斯有很大機率會被視為從非正式關口入境而被拒絕；反過來說若是從南賽普勒斯入境想去北賽，也千萬不可向南賽移民官員提起，以免遭受刁難，另外需特別注意若是想南進北出的話，可能會有沒蓋歐盟（南賽）出境章的問題，也應該避免。

看盡三千年愛恨情仇
——耶路撒冷

　　以色列首都Tel Aviv機場的海關是我遇過最吵雜的海關。二十幾個櫃台，每一條都大排長龍，伴隨著嬰兒小孩的吵鬧聲，隊伍幾乎不怎麼前進。我好奇的觀察周遭戴著黑禮帽，留著兩條長長捲毛鬢角的猶太人和小孩，覺得新鮮。在戰爭隨時一觸即發的以色列，海關仔細地詢問我們來以色列的目的，當他翻到護照上的伊朗簽證時，眉頭一皺：「為什麼去伊朗？」我們立即被帶到指定區域，一個女海關凶神惡煞的叫我們等著，一眼望去等待的人似乎來自各種國籍。一個多小時後終於輪到漢克去面談，問了去伊朗的目的、詳細行程、有沒有伊朗人說過關於以色列的事情等等，好說歹說費了一番功夫，最後總算有驚無險地拿到護照順利入境。

　　入境大廳廣播說計程車罷工中，要搭接駁車到耶路撒冷的乘客請到2號門。我們才坐上接駁車，就目睹一個計程車司機因為偷偷載客，被其他罷工的司機圍住，又是敲打又是打開後車廂，直到警察前來制止才停下來。

　　以色列給我的第一印象：有點混亂、有點肅殺。

　　第一天就遇上以色列的安息日（Shabbat），意思是從周五晚上到周六晚上全部商店餐廳都關門、大眾交通工具也停駛，因此我們不僅沒東西吃，還得搭昂貴的私人小巴去耶路撒冷。一路上街道真的非常寧靜，幾乎沒看到幾個人，所幸hostel當天特別提供晚餐，我們才免於餓肚子。

　　猶太人聖殿的原址、回教先知默罕默德升天之地、耶穌背著十字架的受難處，耶路撒冷背負了三大宗教的神聖與委屈，千年前就注定承受難以化解的衝突和難以抹滅的傷痕。對以色列來說，耶路撒冷是他們祖先的土地，而對於其他阿拉伯國家，這是被以色列強行佔領的聖地。三千多年來的爭奪戰，以宗教之名的戰役至今都還沒結束，耶路撒冷這個小地方究竟還會帶來多少苦難呢？

　　為了保護得來不易的耶路撒冷，不僅任何人進出哭牆和圓頂清真寺必須通過安檢，路上更是隨處可見配槍的以色列兵力，軍人不論男女都非常壯碩，因此就算是身為觀光客的我們也感受到一種被監視的不自在。

　　中午時分，我們被巨大的鐘響吸引到基督區的聖墓教堂，只見信徒蜂擁至門口一塊長方形的大石頭，一邊把私人物品放在石頭上，一邊跪拜禱告並親吻石頭。不懂宗教的我們趕緊翻開旅遊書，才知道這是耶穌死亡後屍體放置的石頭。教堂裡，來自世界各地的基督徒齊聚，耳邊說著我沒聽過的陌生語言，他們一個個走過耶穌被釘上十字架的地方以及被埋葬的聖壇，一處接著一處虔誠的朝聖。

　　我的目光此時已不放在教堂裡的雕刻裝飾或是書上說的宗教故事，反而佇留在俄羅斯、衣索比亞等不同派別的信徒身上。每個國家有不同的服飾規範，像是東正教的女性必須攜帶頭巾進入，而不同國籍的男性則都穿著黑色大長袍和高帽。能同時見到這麼多不同膚色和穿著的基督信徒齊聚朝聖，也就只有來到耶路撒冷才會看得到。

　　對於我們，耶路撒冷是彌補我們對宗教知識的不足，而對於信徒們，走過耶穌受難的苦路是一種椎心的痛。

　　才剛離開聖墓教堂，回教的禱告從廣播器中大聲的傳遍街頭巷尾，我瞬間精神錯亂，搞不清楚我到底身處哪個國家。不愧是耶路撒冷，這麼捉弄觀光客的心。

　　猶太人在第二聖殿時期的短暫起義，導致羅馬人決心摧毀第二聖殿作為報復，並保留一面牆來羞辱猶太人，殘存的牆成了最靠近聖殿的遺址，讓猶太人每次看到它就難掩悲憤，因此也被稱為哭牆。如今，哭牆分成兩邊，左邊的男性禱告區常見穿著整齊西裝、帶著黑帽子或小圓

帽、留著鬢角捲毛的猶太人頭靠在牆上、手摸著牆壁念祈禱文。女性的禱告區則因為劃分區域較小顯得擁擠，我看到大人小孩都手拿希伯來文聖經，頭和手緊貼著城牆，輕聲地禱告，並將祈禱的小紙條塞入城牆縫隙中，最後以倒退方式慢慢離開。

不知道他們的紙條上都寫些什麼。

哭牆的北邊不遠處是聖殿山，那是猶太人朝朝暮暮希望能重建聖殿的地方，但是當回教徒從聖殿遺址上蓋起圓頂清真寺的那刻起，它便成了猶太人不願提起的歷史，以色列政府甚至同意穆斯林委員會提出禁止猶太人和基督徒進入的規定。最遺憾的是這個清真寺的參觀時間竟然只到早上11點，我們僅僅進入2分鐘就被警衛趕出去，只匆匆瞥了一眼它金碧輝煌的外觀。

耶路撒冷的歷史爭奪戰也延燒到民生物價，飲食和住宿都非常昂貴。

我們只能負擔六人宿舍房，那天回到房間只有一個以色列老先生在床上看手機，得知我們來自台灣，他說：「噢我知道你們的歷史，現在中國這麼強大，你們已經沒辦法再收復國土啦！」真是一個直接的人。

我笑說：「現在我們只希望和平就好了。」接著聊到以色列，他驕傲地說：「我們以色列人天生就聰明，而且非常團結。」我點頭答道：「我在這裡感受得到你們的團結，也在想為什麼台灣沒有辦法像你們一樣。」只見他臉上掛著一絲苦笑，緩緩地又說：「若你們經歷以色列所經歷的，也會一樣啦！要知道，在和平安穩的環境是沒辦法有這般危機意識的。」

　　是啊！猶太人一路走來確實很辛苦。在被充滿敵意的阿拉伯國家環繞之下竟還能成立自己的國家，而且以最快的速度變得比敵人更強大，不再受氣，讓我想起一樣堅毅的伊朗。我從沒想過耶路撒冷會帶給我什麼，但是我體驗了宗教在這個世界上的力量，它能帶來救贖也能造成毀滅。

　　回教國家對以色列的海關章非常敏感，以色列因此改發一小張電腦列印的簽證單代替在護照上蓋章，算是體貼遊客的政策。出境時這張紙被收回，好像消滅了我們曾經到過那裡的痕跡。

偶遇在蜿蜒蛇道的盡頭 ——約旦佩特拉

烈日當空，我真的好餓，但是我找不到食物。

正值午餐時間，餐廳卻全部關門，因為現在是回教最重要的齋戒月。絕望地回到飯店問櫃台先生：「真的沒有任何一家餐廳開門嗎？」他笑了笑說：「我建議你去旁邊的超市買點餅乾來吃吧！」那天，餅乾真的成了我的午餐。

怎麼這麼剛好，來到約旦這個回教國家就遇上了齋戒月，因為之前住在新加坡，對這個傳統並不陌生。回教徒在這段時間白天不可進食和喝水，因此他們會在日出前早起吃早餐，等到日落晚禱後再吃晚餐，我想對於居住在炎熱如約旦的人們尤其辛苦。

也難怪，早上我們抵達飯店，老闆幫我們check in後便說：「不好意思，我現在不能跟你說太多話，因為我好渴。」等我們放好行李再度下樓，櫃台早已沒了人，應該是躲起來休息了吧！

原本以為佩特拉指的就是那個最有名的神殿，沒想到它其實是一座大城市。要走遍整個佩特拉至少需花8小時以上，幾乎不可能走完每條步道，因此網路上有很多該怎麼走的攻略，包含早上和下午何時的光線照相會最好。要見到傳說中的神殿也不是件簡單的事情，首先必須走過長達1.5公里的蛇道，變化多端的峽谷和人鑿的水道結合得很完美，當我走到快不耐煩的時候，才終於看見盡頭的一陣亮光，卡茲尼神殿到了。

這麼大一個岩石可以被人類鑿成精美的神殿實在是不可思議。為了拍一張經典遠眺照，我們選了一條很長又少人走的步道，打算也來個神殿自拍，沒想到好不容易走到終點，最佳眺望點卻被一個當地人蓋上棚子建成了茶屋。他看到我們之後，熱情的叫我們過去，「免費！快進

來拍照，這裡角度最好。」經驗豐富的我們當然知道事情沒那麼單純，但為了好看的照片，我們還是進去了。他一直自告奮勇幫我們拍照，跟我們聊天，還說他和朋友都住在佩特拉裡面的其中一個洞穴裡。拍得差不多之後，「要不要喝點什麼？」既然都進來了，我們就點了一杯茶。「One？（只要一杯？）」他驚訝地大叫。茶泡來了，拿給我們的時候重重的嘆了一口好大聲的氣。

霸佔觀景台就算了，竟然還有最低消費。

我們打定主意就是不要坐任何一隻驢或馬，只靠自己的雙腳，所以不論是茶屋人兄詢問我們要不要坐驢子下去，或是接下來任何一個大人小孩搭訕，我們就是堅決靠自己。一整天下來真的很累，少說也走了10公里以上。前往修道院的路更是遙遠，但是我們還是走到了！坐在這裡

休息一會兒，三個騎著驢子的小男孩引起了我的注意，他們除了找客人坐驢子，就是拿著皮鞭打驢子為樂，把驢子當賽馬，其中一個胖男孩還用鐵鍊不時大力的虐待驢子。我看了很生氣，但也不知道該怎麼辦。過了一陣子，這討人厭的胖男孩晃到我旁邊對我用英文說：「驢子？」我板著臉回他：「NO。」他問我：「為什麼？」「因為你打驢子。」他聽不懂我說什麼，一副無所謂的又鞭了一下驢子就離開了。

　　人類總是自以為厲害，苦了動物。

　　從修道院往下走，不遠處的攤販突然對走在前面的兩個西方女遊客叫了起來，「小姐！我等你好久了，你剛剛跟我說等一下來看，你要守信用啊！」網路上說如果你不過去看，他就會瘋狂的咒罵你，沒想到真有其事。在這裡連對小販推託的later（等一下再看）都不可以亂說。旅行時遇到這些煩人的事總是讓人不禁想抱怨：這裡的人真不純樸。但想想，旅人期待的「純樸」又是什麼？那些沒幾個人去過，可以讓我們回到現實生活跟朋友炫耀的地方嗎？這樣的地方可能根本難以找到旅遊資料，甚至基本的住宿都沒有，若我們知道了這樣的地方，真的會去嗎？就算去了，就不會埋怨不方便嗎？在一個靠觀光吃飯的國家，人民的改變多半是因為遊客的增加。既然我們就是那個改變的因素，又有什麼好抱怨的？

　　走了這麼多路，雖然自備午餐三明治，但還是很快就餓了。傍晚六點多走到住宿旁邊的餐廳點餐，裡面除了我們，只有另一桌兩人的男子。我們點的餐點和另一桌差不多時間上菜，餓暈的我們馬上大快朵頤一番，貪婪的吃了幾口後回頭一望，只見那兩個男子淡然的聊著天，放著一大桌的美味佳餚不動。

　　突然，「阿～～～」禱告聲從擴音器中傳出來，再回頭一看，旁邊兩位先生嘴裡早已塞滿食物，拿起了熱茶猛灌。我又忘了正值齋戒月，太陽還沒下山，清真寺最後的禱告聲還沒響起，他們就不能吃飯。

　　下次再遇到齋戒月，一定要記得前一天先把中餐買好。

　　不過最好還是選別的時間吧！

帶著書報一起漂浮吧
──約旦死海

死海是世界上最低的湖泊，位於海平面以下。

我知道因為鹽分的關係（死海的鹽分是海水的8倍多），人躺在死海不會沉下去。科學的道理我懂，但我就是無法想像這是什麼樣的感覺。漂在水上簡直是像魔法一般難以置信。

從佩特拉到死海沒有巴士可以搭，因此計程車車資貴得嚇人。命運的安排讓我們認識了一對年紀相仿的台灣夫婦，他們計畫和我們同一天去死海，甚至剛好也訂了同一間飯店，因此我們一起約了坐計程車過去。

約旦惡名昭彰的計程車司機在我們從以色列入境約旦南邊關卡就體驗到了。從邊境到市區Aqaba大概是十多分鐘的車程，一群司機在關卡外等肥羊上門，我看到官方招牌上寫著「到市區10元（約台幣440元）。」結果司機說是15元。我們表示只願意付10元，一個看似領頭的惡狠狠吼了一聲：「那你們就睡這吧！」我們聽了更不想妥協，就站在旁邊耗著。過一陣子另一個司機跑過來跟我們說13元，才剛說完那個領頭的就衝過來罵他，我猜大概是說怎麼可以降價那類的話。罵完後他轉頭又吼我們：「繼續待在這吧！」連續兩次都這麼不客氣，我們拉了行李往馬路上走，要不在路上攔車，要不就一路走到市區。沒想到才走幾步，兇惡的那位馬上衝過來對我們說10元OK，然後安排一個司機載我們。

對約旦的第一印象實在不好。

死海的海岸線被白色的鹽巴點綴，閃耀著水晶般的美麗光芒。對面隱隱約約可以看到以色列，他們同樣分享一半的死海。這附近每間飯店都蓋在死海旁邊，各自擁有自己的私人海灘，這一年來預算拮据的我

們，實在難得有機會來到這麼有度假氛圍的地方。

Check in後，終於走到死海的面前。但它卻不肯讓我們輕易接近，沉在海底的石頭全都被結晶的鹽巴覆蓋，腳踩上去一陣痛楚，竟像刀一樣尖銳。

我可不能在這裡跌倒，不然一定會流血。

再度嘗試走下去，但是走了幾步還是受不了，乾脆直接躺下去從岸邊往前漂吧！要克服心理障礙直接往後仰實在很困難，畢竟這一輩子遇到的水都只會讓你沉下去，就算看到旁邊的人都浮在上面還是很懷疑。我深吸一口氣，腳蹬一下，真的浮起來了！那一瞬間我內心的疑惑全都得到解答，我正漂浮在死海上，完全不用出力，手腳也不需要划水，只要輕輕鬆鬆躺著。太神奇了！

從遠處看死海像是一般的湖，但是泡在裡面才發現表面有一層油油的物質，而且散發一股石油般的臭味，大家在死海的旅遊照片或許讓人覺得很舒服，但實際上並不會想要在水裡泡很久，因為當我全身都浸泡

在水裡時，我只覺得很像待在石油裡，還要擔心不要讓臉碰到水。在我們玩水的時候，一個男子不小心整個頭沉到水裡，他痛得趕緊上岸，救生員立刻用清水幫他沖臉。我偷偷嘗了一口死海的味道：好苦。

漢克把我準備的空可樂瓶道具丟過來，我們和另一對台灣夫妻開始瘋狂拍照，翻雜誌、喝可樂、水上芭蕾等等動作樣樣難不倒我們。結果要離開時才發現最困難的竟然是站起來，因為浮力太強，腳用力往下站立的時候很容易重心不穩，加上又有臉不能碰水的壓力，腳踩到石頭又痛，我無法平衡，瞬間把手上的雜誌壓到水裡。

上岸清洗了好久才勉強把油膩感洗乾淨，泳衣似乎被鹽分醃得差不多爛了。原本以為優雅地漂浮，卻以窘迫收尾，但這全無所謂，因為留存在我手機裡的夢幻剪影，足夠我說嘴一輩子了。

痛苦會過去，美會留下：我們在環球旅程中辛苦窘迫時總會這樣想，而更長的人生旅程，何嘗不是一樣？

私房旅遊攻略

伊朗

住宿

1. Shiraz：聯絡女主人Mehrane的whatsapp +98-9198402291，非常熱情，若其他地方找不到住宿也可請她幫忙訂。
2. Yazd：Yazd Hostel Oasis的EMAIL是yazdhosteloasis@gmail.com。
3. Varzaneh：沙漠團可連繫Ashkan的whatsapp +98-9131018904，大推薦，非常有趣的兩天一夜，景點都好特別，導遊一家人都很好。
4. Kashan：Noghli Hostel的EMAIL是info@noghlihouse.com。
5. Tehran：IranCozyHostel聯繫Mehdi的EMAIL是irancozyhostel@gmail.com，非常熱情，每天都會幫你規劃行程。

美食

1. Isfahan：必買傳統甜點Gaz（最有名的店叫做Kermanie），還有一間好吃的羊肉抓餅Beryani位置在市集的餐廳，叫做Haaj Mahmoud。
2. Kashan：在這裡我們吃了兩間高級飯店的餐廳，都好好吃，而且一人才300台幣。
3. 番紅花烤雞：在許多地方都可以吃得到，但讓我們最驚豔的是在Yazd的Restaurant Termeh & Toranj所吃到的。
4. Dizi：一種相當特別的伊朗食物，用羊肉、豆子和蔬菜在陶罐裡燉煮而成，食用之前要將罐裡的湯小心地倒出來（並把餅泡到湯汁裡），再用特殊器具把陶罐裡的剩下材料慢慢搗

成泥倒出來與剛剛泡過肉湯的餅一起食用。這道菜可以在Yazd的Saraye Mehr Traditional Restaurant或Kashan的Abbasi Traditional Persian Restaurant享用。

5. Beryani：原本以為是印度的Beryani飯，但位於Isfahan的Haaj Mahmoud所提供的知名Beryani卻是餅上平鋪著羊肉泥，再夾入大量的九層塔一起食用，口味層次多元且香氣撲鼻，若是不排斥羊肉的朋友相當推薦。

6. 番紅花冰淇淋：只要在路上看到有人排隊一起跟著排就沒錯了，我們離開伊朗這麼久了到現在最想念的還是這一味。

7. 傳統甜點Gaz：加入開心果及伊朗特產玫瑰水口味的伊朗式牛軋糖，不會太甜又不黏牙，淡淡的香氣讓人一口接一口。最知名的品牌之一是在Isfahan伊斯法罕的Kermanie Gaz，我們問了德黑蘭的民宿主也認識這一味，還說很多人去伊斯法罕玩都會當伴手禮帶回德黑蘭呢！

8. 精品旅館餐廳：雖然不是食物推薦，但卻是讓人難忘的飲食體驗。在喀山Kashan的兩間精品旅館Manouchehri Traditional Hotel和Ameriha Hotel均由伊朗傳統豪華庭院改建而成，提供道地的伊朗美食及浪漫的戶內外用餐環境，在這裡吃一餐一個人只需要300多塊台幣，無比超值是絕對不能錯過的極讚體驗！

耶路撒冷

交通

1. 從Tel Aviv機場2號大門出去有接駁小巴直達耶路撒冷的飯店，價格ILS 64，如果不是安息日有更便宜的巴士選擇。

2. 耶路撒冷城內有公車和路面電車可以搭乘。

3. 從耶路撒冷到最南邊的城市Eilat可坐巴士EGGED，價格ILS 70，可請當地人幫忙上網

買票。若要繼續前往約旦，可在快到Eilat時請司機直接把你放在最靠近邊境關口的路上，自己再走到邊境大概1公里，就不用到了鎮上還要找計程車，離境需要付離境稅USD 32記得準備錢，或是先到郵局付款更方便。

住宿

Stay Inn，距離舊城區走路15分鐘以內，以hostel標準來說幾乎完美！

小叮嚀

安排行程時注意周五到周六是安息日，交通和商店都關閉。我們在耶路撒冷共2天，差不多可以參觀完舊城區，若多留幾天可以去周遭其他的景點。到舊城區建議先到Jaffa Gate旁邊的遊客中心拿地圖和所有景點的開門時間。尤其圓頂清真寺早上11點就關門了。

約旦

簽證

買Jordan Pass最划算，依據在Petra探索天數的不同，價格分別是JD70（一天）、75（兩天）、80（三天），必須在約旦停留至少三晚才能使用這個pass，且只能在機場、南邊Aqaba關口還有北邊關口入境。

交通

1. 幾乎沒有什麼大眾運輸工具，少數路線有巴士可以搭乘，計程車司機特別惡名昭彰。
2. Wadi Rum到佩特拉有小巴，一人JD8。
3. 佩特拉到死海三小時只能坐計程車，價錢約JD 55-65看殺價功力。不過若從死海反過來到Petra因為都是高級飯店安排的，所以要JD 100。
4. 從首都安曼來佩特拉則有客運可以搭乘。

住宿

1. 死海：Crowne Plaza，有私人海灘及救生員。若有時間在此過夜的話相當推薦，因為死海的公共浴場相當昂貴，若只是一日遊來玩死海漂浮還不如直接來這裡住飯店，不但方便且較划算。從安曼機場到死海度假區可搭計程車，單程JD 35，若將行程第一天或最後一天安排在死海，來回機場相當方便且可以不用進到交通擁擠的安曼市區。

2. 佩特拉：飯店距離佩特拉入口越近越貴。我們住的Peace way Hotel服務還可以，有早餐，房間不錯且乾淨，坐計程車去古城JD2，附近有兩間不錯餐廳。

行程

1. 行程一：安曼2天→死海1天→佩特拉2天→沙漠Wadi Rum 2天。

2. 行程二：Aqaba 1天→沙漠Wadi Rum 2天→佩特拉2天→死海1天→安曼離開。

這兩個行程差別是一個從北到南，另一個從南到北。我們自己是選行程二從以色列入境約旦Aqaba，一路玩向北，最後從安曼機場離開。

小叮嚀

1. 佩特拉古城建議越早去越好，比較不熱也可以避開團客。我們從8：30走到下午6點全程走路都沒坐馬或驢，腳程不好的話可以坐一段，但記得殺價！我們一路走到皇家墓穴就先從左邊走上Al Khubtha步道欣賞神殿風景，因為早上的陽光是灑在神殿上的。接著才繼續走到修道院，下午陽光灑在修道院和皇家墓穴。High Place of Sacrifice Trail也是很多人走，但是一天實在無法走這麼多，大家可以先查資料看看自己想走哪邊，一定得取捨然後要衡量走回入口的時間。

2. 回教國家的休息日是星期五，安排行程時要特別注意。

3. 郵票一張JD 0.9，郵局營業時間不明。

4. 約旦物價真是超級貴，尤其是計程車，因為他們沒有石油，司機說計程車執照要十萬JD！而且他們的幣值竟比英鎊還高。旅遊大致上滿安全。

Chapter 05

／非洲啟程，意料之外

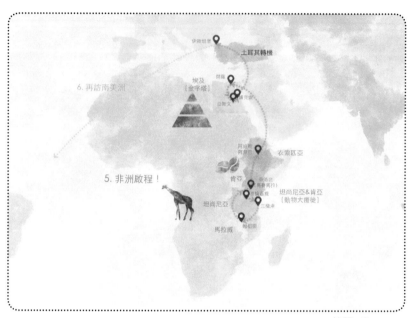

繪圖：Rosanne

　　一早，要從坦尚尼亞的Arusha到吉力馬札羅，民宿老闆請一個員工帶我們去坐當地小巴，離開前他仔細的交代這個年輕女孩要確保我們的舒適。坐上計程車，只見她在前座不斷自拍。下了車，一群掮客向我們招攬，她自在的穿越人群，跟其中一個人交談後，那人立刻探頭進身旁的小巴裡把兩個坐在第二排的當地乘客趕到後面的座位，並熱情地指示我們坐到空出來的第二排。出發前，同一個人探頭進來已經坐滿的巴士用英文對著我們說：「你們舒服嗎？覺得安全嗎？」

　　我只覺得對於被趕到後面的人實在是不好意思。

一場紫得難忘的夢
——南法普羅旺斯

　　七年前曾經來過南法，在1月把尼斯、亞維儂、馬賽等觀光景點都走了一遍，不虧是避暑勝地，在寒冬之際一點都不寒冷，甚至還看到不少人到海邊游泳。不過有點遺憾在那個時候無法感受到南法最美的艷陽海岸和薰衣草田。

　　這次特意安排了六月再訪普羅旺斯（Provence），趁著薰衣草盛開時。

大概也是想消弭一點即將第一次前往
非洲的不安，憑藉薰衣草花香安神，另一
方面我久不見家人，剛好利用這次機會請
他們從台灣飛過來，讓我們有藉口奢侈一
下租車漫遊南法。

租車的好處就是想去哪就去哪，路上
隨意的風景竟都如此賞心悅目，不過法國
人在開車的時候似乎沒那麼有閒情逸致，
總是在後面不耐煩的按幾聲喇叭，再呼嘯
超越我們。猶記七年前我們不敢在外地開
車，只能選擇公車路線上的觀光景點，
都不知道原來南法有這麼多小巧可愛的小
鎮，小到從進入到離開小鎮也才三分鐘的
車程。

Revest-du-Bion的人口不到一千人，假
日市集只有5攤，我們趕到的時候還剩下
三個攤販正在收拾，渴望逛市集的我們也
沒想到網路帶領我們的目的地是這麼小的
地方，不甘心的我們就在第一攤買了一件
褲子、第二攤買了一盒櫻桃、最後一攤買
了一份藜麥沙拉。這樣應該也算是有逛到
市集了吧。

不得不說普羅旺斯真是充滿坡度的區
域，許多小鎮都可稱之為山城，爬坡又爬
樓梯的好不輕鬆。在Montbrun-les-bains從
停車場往上爬了好久的階梯才看到一點人
煙，那就來學歐洲人在陽光下吃頓輕食午
餐吧！南法六月的熱浪果真是不容小覷，
但至少比前幾天在西班牙恐怖的44度好一
些。小如這些幾百人居民的小鎮，大如有

名的天空之城Gordes，充滿歷史痕跡的城牆、堡壘和鐘塔以及個性優雅
的法式雜貨小店都同樣令人駐足。

　　沒想到好久不見的大學老友強尼在這個時候也來到南法度假，我們
特地從卡卡頌開了將近三個小時的車到Uzès與他見面，強尼訂了米其林
餐廳的午餐讓我們難得有機會跳脫艱苦的流浪人生，享受了一頓三小時
的精緻法式饗宴。下午漫步在充滿白色砌石建築的鎮中心，時而隨意停
下來喝一杯，就在這樣的中世紀古城交換過去幾年的人生故事。

　　至今對Uzès依舊印象深刻，不確定是因為那頓好吃的米其林午餐、
美麗的街景、還是和朋友重逢的喜悅。

　　我們來得太早，只有Valensole周遭的薰衣草開始盛開。穿梭在蜿蜒
的山路中，我們不斷地因為下一個彎道突如其來的紫色山坡地而驚喜，
一排排種植整齊的薰衣草，一叢叢的像扇子般的展開，還沒走進就已經
聞到那熟悉的花香味，自然而濃郁。怎麼有那麼大聲的嗡嗡聲？仔細一
看，花叢裡竟都是忙碌的蜜蜂們。

　　平時對於蜜蜂可是避之唯恐不及，不過此刻為了跟美麗的薰衣草田
合照，只能硬著頭皮靠近蜜蜂，我想蜜蜂有那麼多香甜的蜜可以採，應
該沒時間理會我們吧！

　　環球旅程開始前，住在新加坡的一群台灣好友送了我們法國的住宿
券，貼心的讓我們在抵達法國的時候可以洗滌流浪的疲憊心靈。託他們
的福，我們在一間充滿南法鄉村風情的小屋住了兩晚。普羅旺斯的花香
印象在這裡嶄露無遺，不論是肥皂、沐浴乳、洗髮精，甚至是廁所芳香
劑都是如此令人陶醉的獨特香味，我還特地問了老闆娘廁所芳香劑在哪
裡買的，可惜得到的答案是「這是附近的一個小店賣的，但它已經倒閉
了，好險我之前儲存了幾罐，不過以後也沒得用了。」

　　四個多月的西班牙語環境對我們影響真大，以前學過的法文竟都忘
了，心裡想的和嘴裡說出的都是西班牙語，成了在南法溝通的障礙。這
一年的環球計畫原本打算在法國住上兩個月好好增進法文，結果計畫永
遠趕不上變化，在旅途中見到的人事物總是不斷影響我們的喜好，改變
原定的路線，不過這也是長途旅行最好玩的地方。

　　不知道下次還有沒有機會真的待在法國兩個月。

東非大草原的弱肉強食
——坦尚尼亞 × 肯亞

　　野生的大象、長頸鹿、獅子和豹，還有照片和畫裡常出現的Acacia樹和猴麵包樹Baobab……對於東非大草原，我有太多太多的期待。

　　從旅遊大城Arusha開車到最近的草原區至少要3小時，一開始在吉普車上還很舒適，沒料到過了不久柏油路就消失了，取而代之的是顛簸的石子泥土路。車子的後方塵土飛揚，只要太靠近前面的車輛就會看不到路，而遇到對方來車則得趕緊關上窗戶免得被沙塵嗆到。晚上用衛生紙擦臉，是黑色的。

　　我幻想中的浪漫大草原沒包含這段啊！

　　吉普車的車頂特別設計成可彈開式，因此我們可以隨時站起來觀察動物。第一天幾乎沒什麼坐下來，雖然沒看見肉食動物，但光是一群群的斑馬、大象和長頸鹿就夠我們開心了。斑馬的黑白條紋鮮豔的好不真實，像是畫上去的，走起路來頭會上下擺動酷似機器人。平時除了吃草，他們就是喜歡和同伴站在一起，互相監視彼此的背後是否有危險。

　　動物和人一樣有自己的個性。有些連車子都還沒靠近就逃得飛快，有些則是站在路中央絲毫不害怕，直到我們按喇叭才懶洋洋的走開。

　　最容易發現大象蹤跡的地方是水邊，因為他們每天都要喝很多水。住宿區的水缸甚至必須鎖起來，不然聰明的大象會翻起蓋子喝水呢！水中也常見河馬和鱷魚，河馬脾氣很暴躁，一群擠在小池子的河馬動不動就嫌空間小而和鄰居吵起架來。

　　見到彭巴是一個意料之外的驚喜，我沒想過最愛的卡通獅子王裡面的彭彭是真實存在的動物，現實中的彭巴長得跟卡通裡一模一樣，可愛

的獠牙和短短的腿，每當聽見車子的聲音，就翹起高高的尾巴扭著肥屁股跑走。

　　草原的高潮還是那些大貓們。和隨時警戒的草食動物不同，獅子是少數有特權、可以懶洋洋的攤在樹下放心睡午覺的幸運兒。我們在賽倫蓋提草原的中部看到好多成群的獅子，除了難得一見的幾隻雄獅，多數都是團體行動的母獅和超活潑可愛的小辛巴，原來當地史瓦希利語的Simba就是獅子的意思。經導遊介紹才知道獅子的食物來源幾乎全靠女性的團體獵食成果，雄獅只是空有威武的外表卻懶得找獵物，實在顛覆我的想像。

　　為了不侵犯野生動物的生活空間，每台吉普車都必須開在規畫好的道路上不可以開進草地接近動物。天不怕地不怕的獅子不在乎休息的地點是否靠近道路，因此我們有不少超近距離觀察他們的機會，只有不到1公尺的觀察距離實在很難讓心臟平靜啊！

　　第三天早晨，我們遇到一隻在空曠草地上緩慢前進的獵豹，經驗豐富的導遊往獵豹眼神的方向看去，是一群羚羊。他推測獵豹應該是要獵食，趕緊用無線電通知其他導遊，不久我們身邊已被吉普車包圍。大家陸續熄火，屏氣凝神的盯著獵豹，只見他將身體壓低，匍匐前進並利用長草和較低的地勢做掩護，一步步靠近還在悠閒吃草的羚羊們。不到三秒的時間，塵土飛揚，所有羚羊瞬間跳起來往四處狂奔，此時獵豹早已緊咬其中一隻羚羊的脖子，全身壓制在羚羊身上，直到確認羚羊已死亡，便鬆口開始用力撕開羚羊皮，整個臉埋進血紅的屍體裡享用最新鮮的內臟。導遊說他必須趕快吃，因為鬣狗們隨時可能會來搶食。獵豹雖然能在三秒內加速到時速100公里以上，但是耐力不佳，因此若其他動物想分一杯羹，他沒有對抗的力量。好險今天，他的早餐沒有被打擾。

　　一場血淋淋但真實的食物鏈就這樣震撼上演，告訴我們弱肉強食是大自然不變的規則。

　　我一廂情願的以為這些獵食者很幸福，擁有整片草原的食物。但我錯了，導遊說其實獵食是一件耗體力又辛苦的過程，從發現獵物、分析獵物的尺寸強弱、距離遠近和可行性就可能花費將近一小時的時間，而最後是否會成功還是另一回事。大部分我們看到的狀況也確實都是和獵物僵持好久卻沒行動，可能是距離太遠、獵物沒有落單等各種理由，畢竟一次失敗的獵食耗費太多體力，不能輕易嘗試。導遊又再說了一次：「你們真的很幸運，不是每個人都可以看到獵食的。」

　　獵豹走了，禿鷹在後面等著分解剩下的屍體。哪裡有死亡的氣味，禿鷹就在那裡。偶爾在路邊看到受傷或是老了走不動等死的牛羚，身旁也總是早已圍繞一群耐心守候的禿鷹，等著牛羚斷氣的那一刻。

　　我們選擇七月來，主要是希望看到動物大遷徙，我無知的又幻想起卡通冰原歷險記裡面所有動物一起搬家的情景，導遊笑說其實只有牛羚和斑馬會遷徙，其他動物都是待在原地。至於要看遷徙也不是那麼容易，得在偌大的草原上找出他們的路線，好險我們的導遊Alex很有經驗，很快就找到一群遷徙中的牛羚。看到他們不斷往同一個方向前進真的好神奇，有些用跑的有些用走的，並發出遷徙時才有的聲音：「姆～姆～姆～」還有像隊長一樣的角色會不時往後跑，催促落後的同伴。看

不見頭尾的遷徙規模實在好壯觀阿！

　　每輛吉普車上都配有無線電，方便導遊互通訊息，分享哪裡有非洲五霸的蹤跡。常常一棵樹下可能擠了二三十台車子只為了看兩隻獅子，站在車上的遊客多半拿著專業大砲拍照，不像我們只有簡單的小相機。看著動物時而冷眼的望向我們，我真好奇如果他們會說話，不知道會對我們這些爭先恐後只為了看他們幾眼的人類說些什麼。

　　我猜第一句話應該是：煩死了。

　　非洲獵遊實在是個享受。每天除了吃飯和睡覺，就是站在車上吹風看動物。待得日子越久，越有機會觀察動物日常不同的活動，每次的相遇都可能是一個驚喜，不論是捕食、休息、照顧小孩、玩耍等等，永遠值得期待。

　　住在帳篷的那一晚，飯店人員生了營火，讓我們坐在草原上欣賞夕陽。紅通通的大蛋黃從遠方的Acacia樹梢中漸漸消失，廚房帳篷發出陣陣香味，此時來了個不速之客——一隻飢腸轆轆的鬣狗。警衛趕緊跑出來把牠趕走。晚餐過後，服務生告訴我們，如果晚上要從帳篷出來，務必請警衛陪同，避免遇到危險動物。

　　我果然身在野性的大地裡。

　　導遊說，政府現在允許更多的飯店進駐野生草原區，嚴重影響動物的生活，他覺得這是很糟糕的政策。「不意外的自私人類決策。」我心想。「不知道下次回來的時候會不會看不到動物了。」

　　「HAKUNA MATATA！（別擔心）」導遊又說了這句口頭禪。看來樂觀果然存在每個當地人的DNA裡。

在遙遠的非洲大地與妳重逢
——馬拉威

　　為什麼會選擇馬拉威？因為大學時期的一個女性好友Y在那裡的NGO工作，在廣大的非洲陸地，她是我唯一在那邊生活的朋友，不趁機去拜訪她，更待何時？

　　Y工作的城市是馬拉威的第二大城姆祖祖（Mzuzu），從首都開車要五個小時左右，沒有火車也沒有飛機。別以為非洲就是熱，我們七月去的時候，姆祖祖的氣溫還不到20度，每天都得穿上長袖。

　　老實說，對於馬拉威，我什麼想像也沒有，這是一個遙遠又陌生的地方。

▎一窺姆祖祖的生活

　　Y開車載我們到市區晃晃，經過政府機關、郵局和幾間當地銀行，這是唯一一條有鋪上柏油的道路，Y說：「我們都稱這裡是姆祖祖的華爾街。」

　　為了確保Y在上班的時候我們能存活下去，她第一個就先帶我們認識可以買東西的地方。市區有三四間超市可以買到民生必需品，但是稍微遠一點有一間shoprite，算是姆祖祖的微風廣場，超大間的超市裡應有盡有，生活上需要的「奢侈品」都可以在這裡買到，比如說咖啡壺和花椰菜，雖然選擇的種類不多。

　　這個超市成了我們之後兩周最常去的地方之一。從shoprite出來常常是大包小包，沒有交通工具的我們提著這些東西走30分鐘回家可不是

　　開玩笑的，好險外面有許多腳踏車司機等著，只要跳上後座就可以輕鬆回家。可憐了載著我和沉重物品的司機，回家的路有一段好長的上坡，他面目猙獰的踩著踏板，最後收了我們一人500馬拉威幣（Kwacha），大約台幣20元。

　　記得那段時間，我媽傳訊息跟我抱怨台灣的香蕉好貴，反觀我們每天大肆享用當地香蕉，一大串只要台幣30元。

　　不過若是想要過上外國人式的生活，比方說在咖啡館喝咖啡聊是非，這樣的花費可就一點也不親民。Y建議嗜咖啡如命的我們試試姆祖祖當地的咖啡，我們立刻買一包咖啡粉，每天早上在家泡一杯來喝，味道實在不錯。

　　生活中最重要的當然還有網路。我們目前去過的國家之中，除了特殊的共產國家古巴，其他包含東非肯亞和坦尚尼亞大草原裡的民宿都有wifi，但是Y住的地方竟然沒有wifi，只能仰賴手機的3G網路。Y說，在馬拉威辦wifi設備需要好幾萬台幣，所以只有辦公室有安裝，而且速度很慢。

　　偶爾會看到有圍牆圍起來的屋子，裡面不是有錢人就是外國組織租的房子，通常這類的房子會請保全，房子也是看起來比較舒適的水泥建材。不過再怎麼有錢，都逃不過停水或停電，馬拉威的基礎建設還不健

全，停電幾乎是每日的家常便飯。「天啊！又停電了。希望晚上以前會有電。」我們住一陣子也習慣了，一定要在有電的時候把手機和筆電都充飽，並祈禱不要在晚上停電。

▎對外國人很友善的馬拉威人

一抵達馬拉威的機場就和一大群日本青年把入關處擠得水洩不通，很好奇怎麼來了這麼多日本人，後來才知道是日本政府的志工團，加入後會被派到任一個國家服務兩年。我想起在瓜地馬拉的homestay之中也有一位被同樣的組織派到瓜地馬拉的日本人。

馬拉威人每個月的平均薪水不到2千元台幣，它是世界上最貧窮的國家之一，不過相對其他國家，這裡有許多來自各國的NGO團體，Y說因為馬拉威人比較溫和，較願意接受外國人的幫助。我想這也是為什麼我們兩個亞洲人隻身走在姆祖祖的街道上，並沒有向其他國家一樣得到很多異樣眼光的投射。

我想起住宿的警衛先生跟我說過，如果一個當地人在外國組織工作，或是能和外國人交談，其他人就會覺得他很厲害，是比較高階層的人物。這其實和很多國家的風情差不多。

　　那天我們跟著Y的同事到近郊的聚落幫忙當地婦女剝玉米粒，她們把收成的玉米曬乾，接著用手用力的把玉米粒撥下來，最後做成玉米粉儲存起來。我們剝了一陣子就手痛，惹得當地媽媽們笑了起來。

　　聽說距離姆祖祖一個多小時車程之外，有一個漂亮的湖邊木屋民宿，我們搭上當地人乘坐的小巴打算過去住一晚，這個外觀像是娃娃車的小巴，內部的座椅老舊的快要解體，上坡的時候馬力更是跟走路差不多。年輕的車掌小弟看我們是外國人，主動詢問要不要坐在可乘坐兩人的副駕駛座，我們看看後面的位子覺得不擠，就拒絕了他的好意。沒想到之後陸續越來越多人上車，我才知道原來後面的位子是三個位子當四個位子坐，剛剛真不該拒絕小弟的好意的。（笑）

　　看到Y和其他也在馬拉威待很久的台灣同事們放棄舒適方便的生活來到這裡，重新學習和適應完全不一樣的文化和環境，說笑的把姆祖祖的生活和台灣的比較，比我們少一些物質慾望，比我們多一些對不同環境的寬容和耐心，以及更多對小事情的期待和感恩。人生的選擇真的很多。

　　通常在台灣和朋友的聚會僅止於2小時的晚餐，但是在這裡，我們花上兩個多禮拜融入朋友Y的生活，一起吃了好幾頓飯，周末呼朋引伴的去附近的馬拉威湖度假。這樣的重逢，比什麼都珍貴。

在奈洛比看見最貧窮的角落
——肯亞

　　在馬拉威的倒數第二天Hank才驚覺他把相機丟在三天前去過的一間餐廳，打電話過去的時候相機早已不翼而飛，我們只好把重新購買相機的機會寄託在肯亞。

　　肯亞是東非發展最快的國家之一，首都奈洛比更是個商業蓬勃發展的大城市，同時也是治安惡名昭彰的非洲大都市。我們抵達後第一時間就請問旅館哪裡可以買相機，旅館擔心我們的安危，特地找了一個對相機也頗有研究的員工A陪伴我們。他領著我們走過喧囂混亂的大街小巷，人潮非常擁擠，過馬路更是驚心動魄，加上我們顯眼的亞洲面孔，我們只得緊跟著A。

　　明顯感受到奈洛比和馬拉威的消費水準差異，馬拉威大部分人還在用陽春型的智慧手機，反觀這裡的人手拿的都是較高階的型號。A同時也是非洲獵遊的導遊，他不時分享之前用過的單眼相機效果，還突發奇想的提議要把相機賣給我們，自己再買新的。幾乎走遍所有的3C商店，最後勉強找到了可以接受的型號，價錢雖比台灣貴一些，但還在合理範圍，畢竟這裡可是非洲。

　　聯合國的第四個辦公室就位在奈洛比，但基於台灣護照不被承認，很可惜的沒辦法參觀。我們轉念決定利用剩下的半天參觀奈洛比最大的貧民窟——基貝拉（Kibera）。

　　臨時加入的這個當地團價格並不便宜，但是費用會回饋給基貝拉貧民窟。基貝拉的外圍是個很大的二手市場，每個攤子擺著整齊的衣服、鞋子和生活用品，若導遊不說，我會以為商品都是新的呢！

　　離開了柏油路代表我們越來越深入基貝拉，沒有路名的黃土道路通向四面八方，錯綜複雜的小路讓我想起了馬拉威沒有住址這件趣事，每個組織、甚至是銀行的住址都是用郵政信箱來代替，我想這裡說不定也是類似的概念。我們的兩位導遊小時候也在這裡長大，所以我們可以很放心的跟著他們鑽來鑽去。

　　突如其來的大雨讓原本就髒亂的街景更加不堪入目，沿路多了許多雨水累積而成的小溪，不時飄著塑膠袋和垃圾，孩子們赤著腳，無視這一切的跑過我們身旁。眼看雨越來越大，我們不得不停下來，依賴著房子勉強突出的一點鐵皮屋頂遮雨，這也讓我有點時間仔細看看這些房子。用泥土或是到處撿來的不規則鐵皮拼湊而成，歪七扭八的房子比鄰而建，每間空間都不大，從半掩的門可以看到房子裡面是一樣的泥土地和鐵皮牆，就好像只是把道路簡單的隔起來就變成自己的家。看到陰暗的室內，我問導遊：「這裡有電嗎？」「有啊！我們

都是想辦法偷偷的把政府的電接到這裡。」

　　這個將近有一百萬人口的區域像是被國家遺忘，居民每天的收入不到1美元，房子圍繞的不是公園，而是垃圾堆，居民只能靠自己解決生活上的問題。導遊帶我們參觀兩個自食其力的小組織，第一間是使用白色石膏製作裝飾品，像是非洲的動物或是女性的飾品，室內空氣瀰漫著粉塵，讓人難以呼吸，其中一位男子熱情地跟我們介紹製作過程，並殷切的期盼我們購買他所展示的成品。

　　第二間是一個稍大的商店，裡面擺放許多編織品，一個面無表情的婦女機械性的發給每個人一份傳單，上面用英文解釋這些商品是由得到愛滋病的女性製作的。她問我們有沒有問題，看大家一片沉默，她就臭臉的走掉了。

　　最後來到一間幼稚園，陰暗的鐵皮屋裡有幾個黑板，一群小朋友坐在椅子上等著我們，老師帶著他們唱幾首英文歌歡迎我們，然後可愛又活潑的學生們就一窩蜂的放學回家了。老師跟我們說，學校的收入來源主要是透過捐款，之前有人說寄了物資給我們，但郵差根本找不到這裡，所以包裹也就這樣不見了，實在很無奈。我問老師：「學生們是否都喜歡來上學呢？」老師回應我：「當然喜歡啊！因為來學校可以吃午餐，在家裡不是每餐都有東西吃。」

　　經過一處可以眺望整個基貝拉的地方，我看著這些密密麻麻的鐵皮屋延伸到遠方，視野中出現幾棟突兀的高樓，導遊說這是政府之前為了基貝拉蓋的國宅，但是很多人因為租金貴而還是搬回這裡。

　　心情有點沉重，基貝拉的居民讓我看到了世界的另一面，但我卻不知道我短暫的來訪能帶給他們什麼，除了金錢上的幫助，或許只是帶給他們更多的無奈嗎？

差點去不成的阿迪斯阿貝巴
——衣索比亞

「你們不能入境。」

「為什麼？不是有落地簽嗎？」

「去樓上找衣索比亞航空申請。」

我們匆忙的趕到樓上的航空櫃台。

「海關要我們來這裡辦簽證。」

「給我看機票。」我們遞上機票。「咦？你們不是飛我們家航空，沒辦法幫你們。」

「什麼意思？只有飛衣索比亞航空的人才可以入境？」

「我也不知道。」他聳聳肩，轉頭和下一位客人說話。

完蛋了！跟我們在網路上查到的資料完全不一樣。

不能氣餒。我們又回到海關櫃檯，同一位小姐對我們大吼：「我說過了拿不到簽證就不能入境！不准再來找我。」我們急得像熱鍋上的螞蟻，卻無能為力，只好呆站在空盪的大廳不知如何是好。忽然發現海關換班了，交接的男子看起來比較友善，再試一次看看。

「我們不是飛衣索比亞航空所以拿不到簽證，是不是有50美金的那種落地簽？」我緊張的吞了口水。男子看了我們一眼，「喔。你們去那邊付錢。」

終於過關了。唉……走遍這麼多地方，還是不習慣這種「一個人一種規定」的文化。

我們在衣索比亞的時間只有短短一天，因此就待在首都阿迪斯阿貝巴（Addis Ababa）。

　　每到一個國家，我第一個想知道的就是這裡的主要宗教，因為宗教信仰可以解釋很多社會行為，也能提醒自己身為遊客該遵守的禮儀。衣索比亞的宗教人口最多的是衣索比亞東正教，因此我們不能錯過有名的聖三一教堂（Holy Trinity Cathedral）。教堂的門票包含免費的講解，我們的導遊是一個約七十多歲的老先生，他認真且專業的為大家講解了一個小時左右，從歷史和宗教再說到建築，最後知道我們從台灣來，竟說起他對台灣歷史和蔣中正的認識。除了佩服他知識的淵博遠至東方國家，也慚愧自己對於衣索比亞是這麼的無知。

　　國家博物館很可惜的因為停電而臨時關閉，但為了遠道而來的遊客，館方特地使用發電機維持地下一樓的電力，讓大家可以看到這裡最珍貴的展覽──世界上最古老的人類化石「露西（Lucy）」。先不論各種關於露西的爭論，看到這個320萬年前，近乎完整的古老骨頭整齊地排列在桌上，內心只有神奇兩個字。

剩一點時間，民宿老闆兼司機建議我們參觀紅色恐怖殉難者紀念館。紅色恐怖是1977-1978年間衣索比亞的獨裁者海爾（Mengistu Haile Mariam）一連串殘暴的政治屠殺行為，館內展覽了當時使用的刑具，和受害者的衣物，並解說事件的緣由。

　　到了晚餐時間，我們問老闆有沒有辦法吃到好吃的當地菜，老闆拍拍胸膛說：「當然有啊！就交給我老婆吧！」食物上桌後一看，盤子裡是兩捆捲起來的咖啡色麵皮和三坨不同口味的醬汁。老闆解釋道，「這個道地衣索比亞菜一定要用手吃。首先撕一塊這個叫做Injera的餅皮，再沾你想要吃的醬汁就好了。」我拿起這個整面都是小洞的餅皮咬了一口，沒想到是從沒吃過的Q彈口感，不同口味的沾醬wat更是各具風味，既辣又夠味，就算流了好多眼淚還是一口接著一口，實在太好吃了！

　　沒有多留一些時間給衣索比亞，是因為對這裡的不了解。大部分人對於衣索比亞的反應總是「那裡不是有很多很瘦又肚子很大的孩童嗎？」我必須慚愧地承認我對這個國家的刻板印象也差不多是這樣。

　　事實上，這個國家雖然不富裕，但是也絕非想像中的貧窮與落後，它有很多美麗的風景值得遊客探索。我讀了旅遊書才知道衣索比亞是非洲唯一沒有被歐洲列強殖民過的國家，而當我問民宿老闆關於衣索比亞的經濟狀況時，他悠悠的說：「我覺得我們今天比鄰國貧窮，是因為我們當時沒有被殖民，因而基礎建設比大家都晚一步。」

　　每個事件的歷史定位都是多面的，就看你是什麼角色，又或站在什麼角度。

　　在衣索比亞的開始雖然驚魂，但至少有一個美好的結尾。下次要多留點時間給它。

尼羅河畔的金黃聖殿 ──埃及

　　余秋雨在千年一嘆書中一篇關於埃及的文章有這麼一段話：「站在金字塔前，所有的人面對的，都是一連串巨大的問號。」古埃及創造的獨特文化深植人心，就算不懂埃及歷史的人，也不會沒聽過金字塔、法老王、木乃伊和聖甲蟲。但就算過了五千多年，這古老文明依舊有太多未知的謎題，現在導遊解說的一套，或許過了十年、百年又被重新推翻，我們究竟了解多少？還有多少遺跡埋在地下？過去又有多少的文物被盜墓者奪走，消失在這個世界？

　　好險，再多的問號也不會消滅我在沙漠綠洲對於埃及文明的熱情。關於那些在牆上的象形文字、法老王的故事、死後的審判、製作木乃伊的過程和複雜的神明，我多想把導遊說的一切都記在腦海中。出現在法老王面具上的禿鷹和眼鏡蛇，刻在柱子上的紙莎草和睡蓮，帝王谷墓地裡和金字塔內部牆壁的精美雕刻，神殿裡看不完的壁畫英雄故事，能拍照的或不能拍照的都深深的烙印在我心裡。

　　在導遊帶領下的歷史課很愉快，但每次下了課，總是有一兩個警衛神不知鬼不覺的靠近你，裝好心幫忙介紹甚至帶你去看一些被圍起來的空間，最後跟你要錢。旅行時警衛通常是觀光景點最可靠的人物，不過在埃及可不是，在神殿裡你可以直接跟警衛說NO，他就不會繼續纏著你，但到了金字塔若不給小費他們還不讓你進去呢！小費機制深植埃及旅遊文化，除了導遊和他身旁的司機，連我們搭的無動力風帆船伕也跟我們要小費。好險埃及物價低，給點小費不傷荷包，但是我們還是堅決一個原則，服務好我們就大方給小費，不好就不給，若怕有爭執就給一點點，畢竟小費是獎勵，不該成為義務。

　　亞洲的官僚體系多半是隱藏式的，大家心知肚明但老百姓通常看不到，在埃及卻是攤在陽光下的事情，隨處有例子。像是金字塔警衛亂收小費，大家都知道但沒人會管，反正國家經濟不景氣，大家共體時艱就別擋人財路。記得剛到開羅機場在排隊過海關的時候，突然走來一個職員對櫃台的海關使眼色，下一秒職員後面的幾個人已經插隊到隊伍前方。那天我們在亞斯文的火車站買車票，每個櫃台都擠滿人，我們站在後方不知該如何排隊，突然一個站務人員開了櫃台的門叫我們進去，確認我們的購票資訊後，他一面抽菸一面操作電腦先幫我們訂票，無視櫃台前面亂哄哄的人潮。根據之前看旅遊書的心得，這種時候應該要塞點小費，但又不確定這樣會不會失禮，最後難以抉擇只好給了正確的票價，沒想到這個站務人員不但沒怎麼樣，還是一臉笑容的跟我們說再見。

　　看來什麼時候該給小費的潛規則，不是三天兩夜就可以學會的。

　　難以想像埃及觀光業的蕭條程度，盧克索西岸的導遊說以前他每天都有團，現在一周有一團就不錯了，另一個導遊也說以前尼羅河好熱鬧，郵輪靠岸和行駛的少說有幾百艘，現在沒長灰塵還有營運的不到十艘。

或許這些形容都誇大了點，但是當我們走在偉大的帝王谷時，同時在那裡的遊客只有兩團，在哈比神廟甚至只有我們這一團，雖說當時是高溫四十多度的淡季，但過於稀疏的遊客還是讓我們不勝唏噓，偉大的古文明就這麼被恐怖分子扼殺了它在旅遊地圖的地位，幸好埃及政府對於古蹟的保護「還算」認真，儘管牆壁隨意讓遊客摸來摸去，但至少有些地方有圍欄，而帝王谷也為了抗潮一次只開放三個墓。

　　給小費對於在埃及旅遊其實是小事，真正討厭的是喜歡騙遊客的人，而在埃及似乎比其他國家更容易遇到，連當地朋友都只能用抱歉的臉回應這件事實。我想，在遊客銳減的前提下，我們確實變成了多數人共同的「屠宰」目標，所以發生這種事的機率比較高。某天我們看到一個很多當地人的小餐廳，只是簡單的開放空間，食物像自助餐一樣擺設

在櫃檯，老闆熱情招待，我們隨意選了幾道，老闆還不時來關切我們吃得如何，到了結帳時刻……

老闆看了我們桌上的菜說：「150埃（約台幣300元）」竟然比餐廳還貴！

我們有點不高興地問他：「怎麼這麼貴？」

他馬上變臉：「就是這個價錢。」

我們更不高興：「這根本不是當地人的物價，你不要以為我們是外國人就亂喊價。」

他更大聲了：「埃及人也是付這個價錢吃飯！」

「好！那你一道道算給我們看，到底怎麼算的。」

「5」「10」「5」……，加起來只有110！根本是亂掰價錢。

最後他竟然還厚臉皮的說：「反正就是150。」第一次聽到這麼強詞奪理的人。

「你根本亂算吧！我們不可能付這個錢。」

「那你到底要付多少？」

最後我們給了110，但我看這頓飯根本不到80埃。

漫天亂開價的人每天都有，後來就習以為常了。在其他國家多半只有司機或紀念品小販愛亂喊價，但是在餐廳遇到還是第一次。

有一天我們搭到一台計程車，一上車他就如同其他司機一樣問我們接下來的行程，希望能抓住做生意的機會，我們說明天要去機場，但我們已經請飯店訂車了。他馬上問：「飯店收多少？」我回問：「那你收多少？」他竟然考慮了有10秒這麼久才吐出一個金額，這10秒已經足夠讓我們倆偷偷說「他在想要怎麼坑我們！」但是最可怕的回憶就屬在亞斯文機場等不到飯店司機那次，因為班機不多，地勤把大家趕到外面就把機場大門鎖起來休息去。過了15分鐘飯店司機還是沒來，我們只能和其他十幾位司機在大熱天下互相乾瞪眼，一個老司機不斷來搭訕，但他開價很高，30分鐘後，我們決定放棄等待，走向另一個價格較便宜的年輕司機，沒想到這個舉動竟然讓老司機暴怒。他衝向我們的車子，憤怒的壓住後車箱，不讓年輕司機幫我們放行李。年輕司機坐上駕駛座叫我們帶著行李坐進來，老司機比我們更快速地坐上副駕駛座緊抓著打檔

桿不放手，最後兩個人差點打起來。其他司機忙著勸架順便找了機場警察來。最後警察聽了他們的論述，說我們可以用一樣的價格坐老司機的車，因為是他先找我們的，我還問了他是否可以安全抵達，他說沒問題，頻頻跟我說sorry。

埃及的經濟真的很差，所以很多人為了賺錢不惜一切。走在街上大概每一兩分鐘就會有人靠近，用盡各種方式跟你攀談。透過朋友的介紹認識了一個當地人，他在政府機關上班，是埃及的高知識分子。他說他的薪資在埃及算是很高的，但我們聽完後發現竟然比台灣的最低薪資還要少，更不用說一般市井小民的生活有多辛苦。多數國家都有政府貪汙腐敗和經濟衰退的問題，但埃及的市民似乎更加地無精打采。除了首都較為活躍精神，其他城鎮的人多半很慵懶。有些景點一天只來幾個遊客，但紀念品攤販卻有十幾攤，老闆們坐著發呆，很像也沒有要找尋其他的出路。我想人民缺少生活奮鬥的動力，或許是因為乾枯貧瘠的天然資源，使得他們只能依靠搖搖欲墜的觀光業？就像余秋雨先生也有的疑問，是不是過去蓋金字塔太辛苦了，所以埃及人到現在還回不過神來？

每個國家都有吸引人和討厭的地方，想要欣賞千年古文明，這就是必須忍受的代價。每次被騙到錢會覺得好生氣，但這何嘗不是旅行的一部分？那天在曼菲斯古城，一個老人走過來和我們的導遊打招呼，導遊說他是個好人，如果待會兒想買紀念品可以去他的攤子看一看。最後我們走過去，想著如果有什麼不錯的就跟他買，只見每個紀念品都像是塵封了好幾年，全都是灰塵，或許也是因為氣候乾燥又沙塵滾滾，容易髒就懶得擦拭了。老人看到我們很開心，只要我們眼神掃過的物品，他就會拿起來認真的用雞毛撢子把灰塵拍開再拿給我們看。可惜我們看了很久都沒找到喜歡的小東西，最後只好說了謝謝離開。老人難掩失望的眼神，也沒追著我們，只是坐回他的位子，悠悠的拿起一根菸，再度看著遠方發呆。

私房旅遊攻略

獵遊：肯亞 vs 坦尚尼亞

比較	肯亞	坦尚尼亞
價格	比較平易近人。	貴貴貴。
住宿	有稍微便宜的選擇。	全是高級五星住宿享受。
環境	優勢是馬賽河，在八月左右可以看到鱷魚吃大遷徙中的斑馬牛羚。但肯亞的草原區較小，所以會覺得遊客特別多。	非常多國家公園可以選擇，而且佔地很大，完全不會覺得人多擁擠。 1. Serengeti最有名。 2. Ngorongoron風景美的火山坑，有犀牛。 3. Tarangire很多斑馬。 4. Lake Manyara主要賞鳥。
獵遊公司	非常多選擇。	選擇也滿多的。

私人團如何省錢？

1. 了解自己的需求：

從城市裡進到國家公園通常需要三小時以上車程，而且國家公園的門票是24小時計算的，也就是假如第一天是中午進去，那最後一天就要中午以前出來，所以頭尾兩天其實待在園區的時間不多，所以建議最好待3-4天以上，這樣能有更多機會看到動物不同的日常。

聯繫獵遊公司，通常要告知旅遊天數、人數和特殊需求。一般吉普車可以坐5人（後面4人，副駕駛座1人），大一點的車可載7人，但是吉普車沒有後車箱，所以行李要放身邊，若每個人行李都很

大，可能會滿擠的。另外要花點時間研究國家公園，了解各個公園的特色以及自己的喜好，舉例來說，我們對鳥類沒興趣，就會表示不想去以賞鳥為主的Lake Manyara。還有我們想專注看動物，也刪除了參觀馬賽部落的行程。

2. 交通

　　獵遊公司第一次回覆的報價通常是嚇人的天價，但仔細研究各家提供的行程之後會發現很多坦尚尼亞的公司會安排國內飛機直接從Arusha飛到蓋倫賽提草原內的機場。雖然坐飛機可以省下好幾小時的顛簸車程，但費用會貴非常多。因此若要省錢，寫信詢問的時候就可以直接表明不要安排飛機。若肯亞和坦尚尼亞都想去的話，兩個國家的公司都有提供這樣的行程。

3. 住宿

　　一開始我們對園區的住宿也不了解，但是獲得幾間公司的報價和行程之後，就開始上網查詢這些住宿的地理位置和評價，有了概念後再從地圖上搜尋周遭的住宿，依據評價和照片選擇自己喜歡的住宿（可以多和公司溝通住宿位置，因為有時候我們喜歡的住宿實際上位置跟行程不順，會浪費時間通勤，就要有所取捨）。通常每間公司會有配合的住宿，不過若有特別想住的地方，都可以詢問。若有機會可以每天住不一樣的地方，因為各家都很有特色，另外，找一兩天住在帳篷式的飯店，是非常特別的體驗。坦尚尼亞的住宿很高級，就算是帳篷式也非常舒適，除了洗澡因為是需要人工燒熱水並提到你的帳篷，所以只能快速洗五分鐘。

我們的行程（坦尚尼亞）

Day 1　Tarangire，入住Bougainvillea Safari Lodge
（還不錯，但據說附近的Rhino Lodge更推）。

Day 2　Serengeti西部，入住Mbalageti Lodge
（大推此住宿，食物好吃，風景很美）。

Day 3　Serengeti中部，Kati Kati tented camp
（大推此帳篷住宿，食物風景第一名）。

Day 4　Serengeti到Ngorongoro，入住Bougainvillea Safari Lodge。

Day 5　Ngorongoro Crater，返回Arusha。

　　Tarangire很多樹叢，可看到草食動物和獅子等。Serengeti是廣闊大草原，可以看到最多種類的動物，可以花2-3天在裡面。Ngorongoro是很美麗的火山坑，但是動物除了犀牛之外，其他的在Serengeti都看得到，所以覺得沒那麼特別。還有加價坐熱氣球看動物的行程。

　　我們只有安排2天1夜Masai Mara，想碰運氣看牛羚渡河，結果只看到了幾隻斑馬渡河。住宿很普通，跟坦尚尼亞無法比。

　　獵遊公司真的非常多，一開始不知道要從何找起，就到Zicasso這個媒合網站登錄了自己的需求，大概有5-6間獵遊公司寫信報價，我再從trip advisor也搜尋了幾間，依序溝通最後選擇Shadows of Africa。其實每間公司的服務都非常好，行程也不會差太多，最後決定的因子就只是從溝通和講價的過程選擇一個最投緣的。最重要的其實還是導遊，有經驗的導遊真的會讓你的獵遊之旅非常有趣，也更有機會看到不同的動物。我們的導遊Alex是網路上很推的一位，雖然有時候講話跩跩的，但確實很會找動物，當然運氣還是最重要的囉！五天四夜的價位大概平均都是一人2000美元上下。

住宿

1. 坦尚尼亞：通常是從Arusha開始，盡量自己找住宿，因為獵遊公司都會安排較貴的飯店，不過我們自己找的民宿Arusha Giraffe Lodge平價又乾淨舒服，且服務很好。另一間Sinzia Villas服務也很好。

2. 肯亞：Khweza Bed & Breakfast，服務和環境也都是水準之上，且價格合理。

交通

我們從坦尚尼亞Dar es Salaam入境後搭乘國內線飛機Fastjet前往Kilimanjaro機場，民宿安排車子來接我們。回程我們先搭一段當地巴士到Moshi（車資TZS 3000約等於台幣43元），在Moshi住一晚，第二天再從Moshi搭巴士Kilimanjaro express回Dar es Salaam（車資TZS 36000約等於台幣500元），這段路程非常痛苦，因為政府限速50km／hr，因此不管路上有沒有車，都只能開這個速度，也讓原本9小時的車程變成12小時，加上Dar es Salaam市區可怕的交通，最後抵達住宿早已經過了14小時了……。

馬拉威

景點

1. 馬拉威湖：馬拉威是非洲的小國，最有名的景點莫過於馬拉威湖。推薦北邊的Mayoka Village，小木屋都蓋在湖旁邊，非常愜意。住宿有餐廳提供三餐也有水上活動可以參加。
網址：mayokavillagebeachlodge.com

2. 其實湖的周遭有很多eco lodge，像是朋友推薦的mushroom farm評價也很高，大家可以自行搜尋喜歡的地點。

3. 馬拉威也有看野生動物的地方，像是Nyika Nationa Park還有Vwaza Wildlife Reserve。因為我們在肯亞／坦尚尼亞都有參加safari，所以在這裡就沒去了。

埃及

美食

印象最深刻的就是在開羅的第一餐，去了一間餐廳叫做KAZAZ，當地菜色便宜又好吃。

住宿

1. 開羅：Freedom Hostel服務好，位置佳，價格便宜，可請櫃檯協助安排tour。
2. 吉薩：Great Pyramid Inn價格稍貴但服務好，可在陽台看到吉薩金字塔。
3. 亞斯文：Philae Hotel Aswan服務好，可協助訂郵輪。
4. 盧克索：Bob Marley Peace Hotel淡季雙人房含衛浴才USD10包早餐，透過他們訂的東西岸tour很不錯又便宜。預算高一點的話不能錯過Hilton Hotel，應該是全世界最便宜的Hilton，只要一百多美金就可以住囉！

飯店價格高，透過櫃台安排的交通或tour也會相對較貴，請自行斟酌。

小叮嚀

1. 許多景點不能拍照，需要另外購買拍照許可或是給警衛非官方小費，最好先跟導遊確認。勿輕易相信警衛，多留一些小鈔給小費。
2. 郵票：9埃（可能是全世界最便宜的，而且都有收到，只是沒蓋郵戳……）。
3. 埃及最有名又值得買的紀念品就是香精、紙莎草和埃及棉，自己去容易被騙，最好是找到信任的導遊請他帶你去買。

Chapter 06

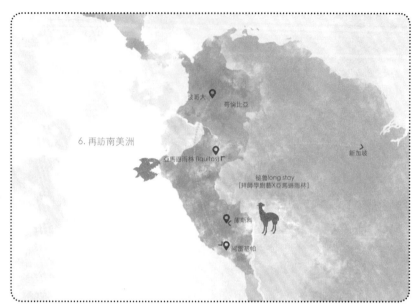

繪圖：Rosanne

「旅程結束之後，我們未來要做什麼呢？」克莉絲汀拋下了一個大哉問給我。

這是2017年6月的某一天下午，我們人在西班牙山上小鎮昆卡（Cuenca）的Airbnb公寓裡落腳暫歇，一來是經過前陣子中東行程過緊，克莉絲汀連番抱怨必須「休假」，二來也是距旅程結束只剩下三個月的時間，該是時候靜下心來想想接下來的人生方向。

「走了一大圈地球，但似乎還是找不到我特別有興趣的事情，難道要重操舊業回到以前的工作嗎？」克莉絲汀皺著眉頭說著。

是啊！拋下身邊一切出走的確瀟灑，但世界不會因為我們停止運作，當我們再度回到原本軌道時，人生的旅程該往哪個方向去呢？思緒至此，我瞬間也跟著靜默，陷入一陣沉思……

「啊！不如我們回去秘魯？」我突如其來一句話讓克莉絲汀丈二金剛摸不著頭腦，疑惑地看著我。

　　「記得三月時我們跟朋友小T一起在秘魯遊歷時討論過的商業點子嗎？我們可以在台灣一方面從秘魯進口農產品，然後同時開一家異國小吃店賣我在秘魯學到的道地美食啊！既然我們回家前還有將近一個月空檔沒行程，不如就回到秘魯long stay順便探探這個點子的可能性吧？」我眼神充滿熱情地跟克莉絲汀說。

　　雖然聽起來超級瘋狂，也不確定這個異想天開的想法可行性有多少，但至少下定決心踏出第一步就已意義重大，更何況，秘魯是我們旅程中最愛的國家之一，趁這機會有多些時間探索它可是求之不得呢！

　　心動不如馬上行動，這天下午我們馬上訂了八月從非洲終點站埃及開羅飛到哥倫比亞波哥大轉機到秘魯的機票。原本以為此生不知何時才能再相見的南美洲大陸，就這樣我們即將重逢。

波哥大，顛覆想像
——哥倫比亞

　　哥倫比亞給世人的第一印象不太好——毒梟Pablo Escobar。

　　毒品也好、混亂也罷，我都不在乎，因為哥倫比亞人是我們心目中最熱情的人。若是問其他南美洲人對這個國家的看法，他們會告訴你，哥倫比亞的女人最美最性感。（笑）

　　首都波哥大（Bogota）海拔高達2640公尺，一年四季都非常涼爽。它是南美洲發展最快的都市之一，同時也是我聽過最多觀光客遭遇搶劫的城市。

　　在波哥大轉機次數超過五次，每次都沒有進入市區，機場成了我們在波哥大最熟悉的地方。去了哥倫比亞的幾個城市之後，最後一次在波哥大轉機，我們終於決定為這個有緣沒份的首都停留一次。

　　記得我們在Salento小鎮和一對當地情侶在民宿相遇，剛好都要去山上看風景，就約著一起行動，聊著聊著他們竟邀請我們到他們在Cali的家裡住。在Cartagena的airbnb主人也因為和我們相談甚歡，說下次去找他們住不用收費。

　　在世界各地交到的朋友裡之中，真的就屬哥倫比亞人最好客。

　　來到波哥大，我們住進一個朋友開的民宿，他是我們在伊朗德黑蘭認識的大叔，同為旅遊狂熱分子的他，去了超過100個國家，甚至在伊朗跟我們分別的時候要接著前往危險戰區伊拉克。他說他是波哥大第一個開民宿的先驅，現在民宿的位置就在他家的對面，他可以就近經營，也可以自由的去旅遊。為了感謝他盛情接待我們，第一天晚上漢克和我就扮起了美食大使，到他家煮了台式的三杯雞一同享用，順便喝上幾杯南美洲出產的紅酒敘敘舊，好不快活。

　　第二天，在阿根廷火地島認識的哥倫比亞男生邀請我們去欣賞一場音樂會，地點在市區的圖書館地下室，室內樂團彈奏哥倫比亞的流行歌曲，豎琴搭配當地樂器，令人陶醉。欣賞音樂的同時也讓我們有難得的機會一窺當地生活。

　　緣分真是奇妙的東西，而在旅程上偶遇的朋友能在此再度重逢閒話家常，更讓人感動。

　　雖然只停留短短兩天，但已足夠讓我們愛上這個城市。透過舊城區牆上的精美塗鴉，我們認識了城市的歷史、政治、了解市井小民的心聲，在黃金博物館發現不可思議精巧且年代久遠的純金骨董和裝飾品，在一間免費的美術館發現原來在亞美尼亞廣場上看到的肥胖系列雕像的作者Fernando Botero是哥倫比亞人。

　　連食物也充滿驚喜。中午，我們在商業區的大樓裡吃了一頓傳統的哥式高熱量商業午餐，下午，在路邊的一間小咖啡館裡喝了一杯香醇的哥倫比亞咖啡，晚上，在民宿附近吃了一間哥倫比亞年輕人開的餐廳，是法式和哥式的fusion創意料理。

　　波哥大，混亂卻充滿活力、傳統又充滿創意，我看到了無限的機會。

八月初十五，狂歡無極限
——秘魯阿雷基帕

　　一年之中，我們造訪阿雷基帕（Arequipa）兩次，可見我們的喜愛程度。

　　海拔2380公尺，秘魯第二大城，一個被火山群包圍的白色山城。為什麼是白色？因為當地人就近利用火山岩砌成方正的形狀來建造房子，所以很多建築呈現灰白平滑的樣貌，再搭配過去保留下來的西班牙式建築設計，這樣的組合在老城區裡美的獨一無二。

　　第一次是在三月初來到阿雷基帕，作為前往馬丘比丘的前哨站，先讓身體適應2千多公尺的高度。雖不至於高山症發作，但走起路來仍然喘吁吁。我們和之前在哥倫比亞住在同一間公寓的一對英國旅人再度重逢，約了一同享用羊駝烤肉和秘魯1千多種馬鈴薯的其中幾種。朋友覺得羊駝烤肉有點腥，馬鈴薯倒是不可思議的Q彈。

　　是的，秘魯人在安地斯山脈生存，利用不同的高度種植出將近1千8百種馬鈴薯，隨便一個市場就可以看到好多種，有的尺寸比兩隻手加起來還大，有的只有指甲這麼小，顏色除了米白，還有紫色、黑色、粉色、黃色等等，令人大開眼界。一旁水果攤販各式各樣沒看過的奇異水果同樣也讓我們驚奇聲不斷，甚至有加入青蛙的果汁口味可以享用。

　　在南美旅遊，是一場味蕾和視覺的饗宴。

　　兩天實在不夠，我們這次在八月初重回阿雷基帕，打定主意要好好待上一個禮拜，以便讓漢克有更多時間深入鑽研秘魯烹飪。不同於三月的濕冷陰鬱，八月本應是南美洲的冬天反而天天太陽高照，大晴天又不熱的舒適好天氣讓我們每天都不捨待在家裡。走在街上覺得比上次來的時候擁擠熱鬧許多，大人和小孩更是個個精心打扮，穿上漂亮的傳統服

飾，五顏六色的澎裙和巴拿馬帽。跟民宿媽媽聊天才知道原來阿
雷基帕的生日快到了，大家正準備幫城市慶生呢！

平日就已經很熱鬧的中央市場變得更繁忙混亂，不僅隨時有
老人在二樓大展歌喉，每個角落更是擺出臨時攤販，賣著平時買
不到的傳統食物和飲料，像是牛肉湯、炸豬肉飯還有玉米飲Chicha
de Maiz，要不是肚子飽了每個都想來一份試試。有些人停在路上
抬頭欣賞歌聲，有些人忙著在攤販前排隊買食物，不時有小男孩
穿著傳統披肩像小飛俠一樣東鑽西串，連遊客也被這份節慶的喜
悅所感染。

大街小巷，市集廣場，整個城市都是笑容。

「椅子5塊！椅子5塊！」快到15號生日的那幾天，每天都有
遊行，賣塑膠椅絕對是此時最好賺的生意。表演前大家爭先恐後
的買椅子，再佔個好位子，沒搶到前排搖滾區的人索性也買椅子
直接站在椅子上，視線也不錯。

明明表訂3點在武器廣場會有表演，怎麼都三點半了還沒開
始，觀眾四處張望，倒是很有耐心。最後到了四點，才聽到主持
人的聲音。沒想到官方表演也可以不準時，好一個拉丁風味。

遊行團體來自許多國家，有些配戴道具，像是骷髏人偶、踩
高蹺、耍雜技等等，大部分是跳旋轉舞和吹奏樂器，每個團體都
盛裝出席，和阿雷基帕城市旗相同的暗紅色更是最常出現的配件
顏色。

這裡的人總說他們來自阿雷基帕，不是秘魯。

傳統音樂的旋律繚繞在我腦海中無法離去，城市的慶祝不只
有一天，而是整週。大人樂得吃吃喝喝，小朋友更是把握玩到半
夜的難得機會。

生日的前一天我們看表演看得比較晚，走在回家的路上，轉
個彎，被眼前的景象嚇呆了。是整條街的夜市！冒著熱熱白煙的
攤販把我們的人和心都吸引了過去，睡意早已全消。我們先觀察
一輪再來決定獵食對象，最後決定來杯玉米熱飲暖暖胃，再走到
煙冒得最旺盛的攤子點一份道地小吃烤牛心，跟著當地人一樣坐

在攤子前的小凳子上直接開動，又辣又脆的烤牛心竟然如此好吃！而身邊每個阿雷基帕居民那掛著大大笑容的歡樂臉龐，更讓我們的心也跟著雀躍地飛了起來。

　　這一夜的阿雷基帕，家家戶戶全員出動，整座城市通霄歡慶，熱鬧非凡，直至夜沉。

　　節慶未歇，但不捨的我們卻要離開。飛機起飛之際，我們往下看著被火山圍繞的阿雷基帕。咦？其中一座火山怎麼噴出了好長好濃的白煙直衝天際。啊！是導遊說正在噴發的活火山Sabancaya。

　　原來熱情的火山也在表達祝賀之意。

巧遇慶典歡愉時光，Chinchero ——秘魯

　　第二次回到秘魯印加古文明的重鎮庫斯科，尋找的不再是馬丘比丘之類的古文明重鎮，而是多體驗一點現代安地斯山脈原住民的生活。

　　Chinchero是庫斯科往聖谷路上的小鎮，標高3762公尺，一向以小鎮中心的高山市集聞名。剛到庫斯科時原本沒有計畫造訪，但聽Airbnb主人說Chinchero那週末恰好有節慶，於是順理成章就找了個週日搭乘集客小巴（colectivo）前往。

　　到了鎮上繞了半天才發現節慶不在市中心，而是在市郊的高山湖畔，只好再轉搭每人只要1索爾（台幣10元）的集客計程車抵達會場。

　　果然，車還未到，那熟悉又歡愉的南美節慶音樂已飄進了我耳中，讓人心也跟著起舞。

　　會場像極了一個大型的園遊會園區，分成好多部份，除了主舞台和販賣各式土產（還有活蹦亂跳的天竺鼠Cuy！）及特色紀念品的攤販外，最熱鬧的就屬美食區了！平常價格昂貴當地人很少吃的天竺鼠Cuy，是這節慶中的重要美食，而且以小份量套餐的方式提供給一同慶祝的居民平價的享用；而烤肉攤架上那炙烤的油滋滋秘魯燒肉Chicharrón，更是讓人垂涎不已；至於我和克莉絲汀兩個人的最愛，則是高山特產煎烤鱒魚，一份只要15索爾（約150台幣），煎得恰到好處的鱒魚外酥內嫩，份量十足，且香氣滿溢，配上有飽足感的烤馬鈴薯塊，就算這裡的戶外用餐環境極其簡陋，仍不減我們對它的喜愛。

　　食物攤販旁的飲料攤婆婆指著地上一大桶粉紅色的飲料，執意要我們嘗試看看，一問之下才發現是我最想要嘗試的Chicha de Jora玉米發酵飲料的草莓口味版！二話不說馬上買了一大杯三兩口咕嚕咕嚕的直接下肚，清香爽口好喝又帶勁，讓人直想再來一杯。

　　除了美食之外，節慶中也有不少有趣的活動，像是拍賣牛隻就是其中之一。眾人圍成一個圓圈，由牧牛人依序把自己的牛隻率出，再由拍賣員一一介紹並待價而沽，而圍觀的人們則是手拿著零食像是看戲般地目睹這一切的進行，甚是有趣。

　　「登～登～登登登～登，登～登～～登～登～登登～登！」秘魯節慶音樂的節奏，不斷的在空氣中循環跳動，彷彿這一是場永無休止的歡樂派對一般；而高山清澈的藍天白雲，搭上當地居民獨具特色的節慶服裝，還有五顏六色琳瑯滿目的土產商品，則構成了這趟小旅行最美最令人難忘的風景。

高原，海洋，雨林
——秘魯

　　如果沒有人說，你可能不會知道2017年全世界排名前50的餐廳裡面，秘魯佔了三個名額，進榜數比我們印象中的美食天堂日本還要多。當然，我不是要說秘魯菜比日本料理好吃，日本料理在我的心中是永遠的最愛，但是秘魯菜給我的驚艷印象，可能是我們目前造訪國家中之最。

　　縱貫南北的安地斯山脈、連綿兩千多公里的海岸線、和東北部廣袤的亞馬遜熱帶雨林盆地，多樣的地形地貌孕育了極度豐富的食材來源，再加上長久以來與西班牙、日本與中國飲食文化的對話，造就了秘魯這個世界美食界的超級新星。

　　擅長以在地多樣食材，揉合跨國界的料理手法，創造鮮明、衝突、但卻出奇美味的味蕾體驗，是秘魯料理讓人折服之處。

▍安地斯山區印加遺風

　　「秘魯安地斯山區擁有超過四千多種的馬鈴薯。」我們在阿雷基帕（Arequipa）參觀傳統中央市場時導遊如此說。「阿？真的假的？」我和克莉絲汀感到不可置信，馬上向導遊求證。原來，馬鈴薯這個現今風行全世界的主食，經考證後的來源就在今日秘魯和玻利維亞交界的的的喀喀湖畔，直到16世紀才經由西班牙殖民者傳入歐洲。因此在這個作物的誕生源頭安地斯山區，馬鈴薯的種類千奇百種，也就不足為奇。當晚，我們前往阿雷基帕知名的Hatunpa餐廳，這裡售賣的所有安地斯名菜，都會搭配五顏六色不同種類的馬鈴薯切片，一個盤子上從靛藍、深

紫、土黃、淺綠、乳白到象牙般的純白，像極了水彩調色盤，令人萬分讚嘆造物者的無窮創造力。

　　Cuy，又稱幾內亞豬（Guinea Pig），是每一個到秘魯旅遊的朋友都糾結再三，難以決定要不要嘗試的安地斯名菜。其實，雖名為「豬」，但它其實算是天竺鼠的親戚，是前哥倫布時代安地斯山區原住民的重要蛋白質來源食物，時至今日，這個傳統仍然沿襲，只不過由於Cuy昂貴的價格，現在安地斯山區的住民只有在節日慶典才會享用這一道著名料理。

　　庫斯科（Cusco）聖佩德羅市場旁的小店裡，玻璃櫃裡排滿了密密麻麻的細小身軀，「這些就是Cuy了。」我的料理老師Seledonia平淡的說，但我心裡的震撼卻是極大的，第一次看著一隻隻被扒得光溜溜的Cuy像豬肉一樣被秤斤論兩的販售，那種感覺真的很難形容。其實從厄瓜多的安地斯山區開始，我們就一直猶豫是否要嘗試這一道菜，每次在路邊看到炸烤的香噴噴的Cuy，總是會令人聯想到寵物店那小巧可愛的天竺鼠，因此最終還是作罷。

　　直到離開秘魯前的最後一天，我心裡的好奇心終於按耐不住，決定要嘗試Cuy，不過要用一種知性的方式。於是，我親自跟隨料理老師Seledonia到Cuy專賣店裡買了一隻20索爾的Cuy，回到老師餐廳的廚房，一步一步地從洗淨、裹粉調味、到下熱油鍋油炸，就這樣，一道香噴噴

金黃的Cuy料理就完成了。終於，我一償所願嚐到了這個碎念了一個多月的「珍饈」。

你問我味道怎樣？嗯，就像肉不多很有咬勁但有點柴的土雞肉。

「其實安地斯的居民以前不喝酒的，像我爸爸就只喝自製的Chicha玉米飲料，因為高海拔含氧較低喝酒對健康不好。」土生土長的印加古道導遊David對我們這樣說。Chicha這個字其實泛指所有以安地斯山區的玉米穀物所製成的飲料，可以是輕微發酵含酒精的Chicha de Jora或是無酒精的Chicha（其中最多人喝的就屬紫玉米汁Chicha Morada）。在古印加文明時期，Chicha不只是像可樂一樣的平民飲料，更是祭祀神明時的重要貢品。雖然經過了西班牙殖民者對印加文化的蓄意破壞，但時至今日Chicha仍然是安地斯居民日常生活中不可或缺的飲料，而在飲用前，你會發現許多人會先把Chicha倒一些在地上，可別以為他們浪費食糧，這是對大地之母（Pachamama）的敬獻，含有極深的文化意涵。

飲水思源，對安地斯山脈居民而言，吃Cuy配上馬鈴薯，加上一大杯清涼解渴的Chicha，就是他們對自己印加文化血統的深刻思念。

▎與日本、中式料理的對話

冷暖洋流交會且狹長的海岸線，賜予了秘魯豐饒的魚獲海鮮，這與數千公里外太平洋彼岸的日本恰好不謀而合。但距離之遙，讓這兩個仰賴海洋的料理體系有如平行時空，毫無交會，一直到十九世紀末期因日本經濟蕭條而到來的日本移民，才促成了料理文化對話的契機。

Ceviche酸醃生魚，是名符其實的秘魯國菜，取用新鮮的海洋白肉生魚，切成小方塊，用辣椒、蒜頭、薑末、香菜及鹽巴醃過，並用極奢侈大量的萊姆或檸檬汁「醃煮」至魚肉表面熟透，上頭最後再點綴切成細絲晶瑩剔透的紫洋蔥，就是一道夏日最開胃的沙拉前菜。其味道辛香酸辣，入口前乍聞之下像是嗆人口鼻難以下嚥，但入口之後味道卻出奇順口，各種不同的辛香料在舌尖譜出一首和諧且輕快的小舞曲，令人欲罷不能、回味再三。

　　縱使秘魯是Ceviche公認的發源地，且發源時間可追溯至前哥倫布時期，但現在我們吃到的版本，卻是經過日本料理文化所改造過後的。據說原本的Ceviche魚肉在經過醃漬後，要再加熱一、兩小時至全數熟透，做法其實更像泰式檸檬魚，但在日本移民帶入生魚片的生食文化後，再加上內化日式精細的處理手法，新誕生的Ceviche有如剛羽化的蝴蝶一般，展翅高飛，以華麗之姿進入了世界料理舞台的鎂光燈中。

　　寫著「Chifa」招牌的中式菜館，是秘魯各大城市街道上常見的風景，也是中式料理融入秘魯庶民生活的鐵證。雖說裡頭賣得是中國菜，但由於炒飯（Chaufa）和配菜的分量極大且價格相對便宜，成了許多當地人民肚子唱空城計時吃飽的首選。說起Chifa的源頭，是十九世紀到秘魯討生活的廣東移工，他們把中式的熱炒料理手法帶進這個國度，因此時到至今，許多Chifa餐館的老闆仍是移工的後代，不同的是，他們講著流利的西班牙文與員工溝通，而且將中式的料理手法融合秘魯當地的食材，創造出了許多深受秘魯當地人喜愛的料理。大名鼎鼎的秘魯式炒牛肉（Lomo Saltado）便是在這樣的契機中產生的，大火爆炒蒜末、薑末、牛肉及多種蔬菜，並加入醬油調味，最後配上安地斯的特產馬鈴薯，是現今秘魯隨處可見的國菜，但究其根本，從爆炒的料理手法到醬油的口味，無一不是中式料理的影子。

　　其實想想，秘魯料理之所以排名我們所造訪過的國家之首，可能是台灣料理跟它歷史文化的相似性吧。我們所摯愛寶島的美食，何不也是在中國各省移民飲食文化與日治所遺留的和風料理手法互相衝擊融合之後所誕生的呢？

▌狂野的亞馬遜雨林

　　因為秘魯料理獨特的魅力，促成了我們二訪秘魯的契機，而這次目的地，我們瞄準了之前未曾到訪的東北部亞馬遜雨林盆地——伊基托斯Iquitos，想要一嚐這片生氣蓬勃的大地所帶給我們的驚奇體驗。

　　空氣中瀰漫著潮濕的雨林氣味，擁擠的人群摩肩擦踵，熟悉的小販叫賣聲響亮耳際，但映入眼簾的卻是一幅幅奇異的景象：千奇百怪的草藥水、與人同大的巨型亞馬遜河魚、鱗片如遠古生物般的不知名小魚、身首異處供人秤斤售賣的凱門鱷魚、火爐上的烤蟲子及鱷魚腳、被肢解攤在桌上的烏龜，這不是別的地方，就是遠近馳名的Iquitos貝倫（Belen）市場。在這裡走上一圈，視覺和心理的衝擊之大可想而知。也許，很多人會覺得小販售賣鱷魚及烏龜的手法殘忍不人道，但，這就

是真真實實的亞馬遜雨林當地庶民生活，是他們所賴以維生的日常食物，與我們家旁傳統市場所售賣的豬肉雞肉並無兩樣。生存環境的不同造就了「文明」世界與亞馬遜雨林全然不同的料理食材與飲食文化，也許我們在以遊客的眼光驚嘆這裡的居民怎麼有辦法食用這些珍奇異獸的同時，別忘了在主流文明未進入之前，食人魚、鱷魚和河龜就是亞馬遜原住民垂手可得最日常不過的食材來源呢。

　　為了不負我們特地前來亞馬遜的目的，翌日，我們按圖索驥找到了一間在Iquitos頗負盛名的餐廳Ikiitu，鼓起勇氣點了炸鱷魚肉。菜甫上桌，炸得酥脆金黃的鱷魚肉塊香味四溢，擠上檸檬汁再搭上旁邊純白如緞帶般美麗的棕梠樹心（Chonta）沙拉，我們竟早已忘記盤中饈是令我們畏懼的鱷魚，大快朵頤橫掃一空。

　　走一趟秘魯亞馬遜，享受一場視覺、嗅覺及味覺的狂野豐盛饗宴吧！

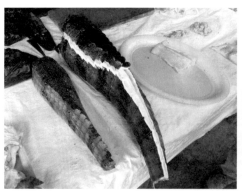

和食人魚的第一次親密接觸
——秘魯 Iquitos 亞馬遜流域

　　船行在廣闊的河面上，潮濕的空氣迎面撲來，河畔密密麻麻的原生森林夾道歡迎，而厚重的烏雲及閃電壟罩天際，彷彿隨時山雨欲來的態勢，我望著一切周遭的景物，仍然無法相信自己就置身亞馬遜流域雨林之中。

　　是的，為了這個未完的亞馬遜夢想，我們在旅程的最終點來到了位於秘魯東北部的亞馬遜盆地。這個與外界只能以航空及河運連通的區域，有著世界上人口最多卻無聯外道路的城市Iquitos，及周遭大面積未受現代文明開發的處女雨林地。而我們亞馬遜探險的目的地，則是在距Iquitos兩小時車程加上兩小時船程，位於亞馬遜河上游Ucayali河畔原始村莊的Libertad Jungle Lodge（自由森林木屋）。

　　「看！這就是粉紅河豚（Pink Dolphin，又名亞馬遜河豚）！」我們的專屬導遊May在河流交會處關掉船馬達，指著我們周遭的河面出現的奇妙訪客，那海豚般的鰭在水面輕盈滑過，瞬間又「噗通」一聲躍出水面，展示那與眾不同粉紅身軀，彷彿在跳一曲歡迎舞蹈，向遠道而來的我們打招呼一般。

　　船行拐進Ucayali河，不久之後就來到了一處看似荒蕪無人的木造簡易碼頭，「這就是你們未來三天要住的地方了。」May這樣跟我們說，但我和克莉絲汀卻一臉狐疑，總覺得方圓三里內杳無人煙的雨林中間怎可能會是我們的目的地。頭上滿是問號的我們拎著行李跳上了碼頭，映入眼簾的卻是驚奇的景象：一條細長的木造棧道穿過一畝畝稻田，直達數百公尺外被雨林包圍的架高木屋群，而不同於剛才暴風雨般的氣候，這時炙曬的太陽重新露面，驅使水氣蒸騰、熱浪波動，朦朧了我們眼前這亞馬遜小村落，美得好像一幅印象派畫作。

　　「歡迎光臨自由雨林木屋，我們是一個社區計畫，以村莊居民為主組成的工作人員會帶領你們體驗最道地的亞馬遜雨林，而你們在這裡的所有花費都會直接回饋到村落中。」村長兼木屋經理Manuel跟我們介紹道。的確，我們所住的木屋就座落在這個由28個家戶所組成的小村莊中，在遠離文明的亞馬遜一隅，沒有網路、沒有電力、也沒有熱水澡，有的只有木屋提供的簡單設備、每天三小時的發動機電力、道地的亞馬遜餐點、還有最重要的－環繞四周的大自然美景相伴。

　　下午用完餐後的時光屬於木屋三樓的吊床，吹著徐徐帶著雨林氣息的溫暖微風，看著四周遼闊的亞馬遜河面，讓人有種飄飄然微醺的感覺，昏然欲睡。

　　稍事休息後May領著我們去參觀村莊，他告訴我們這裡的房屋之所以要架高，是因為12月到4月雨季來時洪水會淹沒整片土地，而且要在村子內移動只能靠每戶自製的小船，儼然是亞馬遜版的威尼斯；而雨季過後的乾季，村民不僅可以在氾濫過後的肥沃土地種植稻米，還可以建造足球場，讓村中的青年有娛樂社交的場所。我們走著走著，停在村落中的學校旁，May悠悠地望著球場中玩球嬉戲的孩童，語重心長地說道：「最近這個村落已經兩個月沒有老師了，政府派來的都市教師總是無法忍受這遠離文明的世界，總是動不動就罷工，這裡的小孩們連要受完小學教育都好困難阿！」

　　我走向球場，不顧傾盆而下的午後雷陣雨，全身溼答答的跟小朋友大玩一場，好似想要把自己的一片熱情如火傳遞給他們一樣，同時也希望我們的造訪，能給他們帶來一些實質的幫助。

▋ 夜訪雨林

　　在自由森林木屋，最棒的部分就屬你可以自己安排每天的活動，由專屬的導遊來帶領你體驗亞馬遜的美。第一天晚餐後，May領著我們穿過村莊，進入雨林中尋找狼蛛（Tarantula）的蹤跡。才剛踏出村莊邊緣，就被撲面而來的蚊蟲大軍層層包圍，寸步難行，貨真價實的亞馬遜雨林威力，在此展露無遺。

　　狼蛛之所以得名，是全身毛茸茸的像極了狼毛，棲息在熱帶雨林的灰褐色枝幹上，不容易發現，幸虧May鷹眼般的觀察力，不久之後我們就發現了好幾隻盤踞樹梢的巨型狼蛛，它們的外表光用看的就令人不寒而慄，但沒想到調皮的May竟然一把抓起了狼蛛，問我們：「要不要體驗一下觸感呀？」我和克莉絲汀臉色鐵青地連忙搖頭，但導遊卻說你們難得來，怎麼連這個都不敢！禁不起激將法，我們手臂一伸，狼蛛就一溜煙地衝上來，眼看地就要爬到我的脖子上了，我驚呼一聲：「快把它拿開！」這小東西還真是令人渾身發「毛」呢！

▊ 亞馬遜釣魚秀

　　令我最期待的亞馬遜釣魚行程終於在第二天到來。為了尋找最佳的釣魚地點，May領著我們沿Ucayali河的支流溯源而上，在一處不知名的淺灘靠岸，原以為那就是釣魚地點，但沒想到May繼續用他帶著的大鐮刀，披荊斬棘往樹林深處前去，直到抵達一處清幽的水潭。「就在這裡投餌吧！」May語畢後興奮的我馬上把用竹竿做的簡易釣竿拋出。

　　「啊啊啊啊啊！」這是之後二十分鐘我和克莉絲汀不間斷的叫聲，叫的是不斷上鉤的各種五顏六色亞馬遜河魚，叫的也是被蚊子大軍叮得滿身包的慘況；而釣上的魚雖多，但就是獨缺了我們對於亞馬遜的最大期待－食人魚。

　　為了不要讓我們成了蚊子的可口早餐，也為了找尋我們的終極目標食人魚，May再度把我們帶回了船上，幫我們準備了切成小塊的生牛肉，說道：「來釣食人魚比賽吧！」我們一行四個人的釣竿才拋出不到十秒，與食人魚的激烈戰鬥就陸續展開，時而興奮地拉上呲牙咧嘴的粉紅食人魚，時而憤怒地望著空無一物的吊鉤。這場釣食人魚比賽可謂是精彩絕倫，絲毫沒有冷場，才不消一小時的時間，我們拿來串魚的樹枝，早已沉甸甸的拖了一串型態各異，七彩繽紛的漁獲，好一個滿載而歸！我高舉樹枝上的魚串，覺得自己彷彿是亞馬遜雨林的魯賓遜一樣，嘴角掛著久久無法消去的微笑。

　　這天中午，從小只出現在生物課本中的食人魚，成了我們的盤中飧。縱然那駭人的牙齒依然尖銳，但油煎過的食人魚肉，卻意外地細嫩好吃，齒頰留香呢！

雨林深處的驚奇

原生的亞馬遜雨林，驚奇處處。

第二天下午，May帶著我們深入村莊周圍的雨林深處，從小在亞馬遜長大的他像極了泰山，靈活地在枝幹間穿梭來去自如，一會兒切下不知名的樹幹，要我們嚐嚐裡面滲漏出的天然礦泉水，一會兒又調皮的找了雨林中特有的螞蟻窩，用手抓了一大把螞蟻揉爛，做勢要塗在我們身上說是特效的防蚊液（不過這倒是真的！）。

「噓！你們看那是什麼？」走在前頭地May小聲問我們。「天啊！那不就是「動物方程式」裡的樹懶嗎！？」克莉絲汀用著幾近尖叫的聲音大喊。沒想到，我們在哥斯大黎加沒能近距離看到的樹懶，竟然就出現在我們面前觸手可及的樹幹上。May小心翼翼地把這隻還是寶寶的樹懶抱起，放進克莉絲汀的懷裡，動作奇慢的樹懶寶寶令人好生喜愛，令人恨不得能帶回家當寵物，但能在這片廣闊的雨林裡與這奇妙的哺乳動物相遇，也算得上是美麗的緣分了吧。

亞馬遜雨林，就像是裝滿珍奇異寶的珠寶盒一樣，隨時都能發現耀眼的驚奇。

最難忘的一夜

在雨林的最後一晚，傍晚時分大雨滂沱下個不停，坐在餐廳內的我們望著外頭，眉頭深鎖，想著等會兒夜探沼澤凱門鱷魚的計畫，要是泡湯該是多大的遺憾。

「快換上你們的全身裝備，帶上雨衣我們出發吧！」時近八點，導遊May看雨勢稍小這樣說道。欣喜的我們以迅雷不及掩耳的速度整備妥當，跟隨在導遊的身後摸黑上了停泊在沼澤邊的馬達小船，準備前往亞馬遜的河沼深處尋找夜間出沒的凱門鱷魚。

　　船行在沼澤上的狹窄水道，兩旁深邃黑暗的草叢裡神秘異常，除了我們的馬達聲外，四周幽靜無聲，安靜地令人害怕，而剛剛稍小的雨勢，又瞬間滂沱起來，遠方劃過河面天際的巨型閃電和繼之而來的轟隆雷聲，加上隨著河面水波左右搖擺的木造小船，讓我和克莉絲汀兩人默默凝視著對方，心中害怕要是這時候船馬達壞掉，抑或是一個不小心我們翻了船，要面對是河面下未知的多少鱷魚猛獸。

　　「噗通！」這一個突然輕微的聲響差點讓我的心跳漏了一拍，回神一看還好只是一隻被船嚇到的小魚跳進了甲板中。但此時另一個匪夷所思的景象出現了－船夫把船對準了前方的草叢衝去，並熄掉馬達，而我們的導遊May則在船頭呈現龍舟奪標姿勢，就在我們還摸不著丈二金剛的瞬間，May的手上已經多了一隻眼睛呆滯的凱門小鱷魚，好一個驚人的武林功夫啊！

　　「快來抱住這隻小鱷魚拍張照，我剛剛有看到它的鱷魚媽媽，拖太久媽媽就要來找我們啦！」把小凱門鱷快速交到我們手中的May這樣俏皮說道。我和克莉絲汀還真的怕了鱷魚媽媽，謹慎的一手抓住尾巴，另一手抵住鱷魚的脖子，才有辦法跟這無辜的小生物合影留念，再迅速地放生它回到自由的沼澤。

　　回程船上，河面的暴雨早已停歇，微涼的清風徐來，月明星稀，四周依然靜默。我看著剛剛抓著小鱷魚的兩隻手，再望向水氣濛濛的廣闊亞馬遜河沼，一切都朦朧不真實的好像一場夢，但這夢精彩非凡的程度，將會讓我在十年抑或二十年後的日子，仍會牢牢地記住在亞馬遜這雷電交加、卻令人久難忘懷的一夜。

▌再會，亞馬遜

　　靜美的河面上吹著微涼的風，特地起了個大早的我席地坐在碼頭旁的木棧道上，如癡如醉地欣賞著金黃曙光灑落的亞馬遜大地，讚嘆著這一片廣袤熱帶雨林和數以千計的亞馬遜河支流所創造出來的無限生機。

在這個與世隔絕的亞馬遜雨林一隅，人類的文明顯得渺小不足為道，而變幻多端的極端熱帶暴風雨，也讓我們學會要在大自然的面前保持一顆謙卑的心。

再會，美麗但又暗藏危險的亞馬遜，我們有緣再相見！

是回家，而非過路
——新加坡

九月初，離家差不多快一年了，旅程也即將結束。

從秘魯利馬出發原本打算從美國休士頓轉機直飛新加坡，結果沒想到颶風哈維似乎看穿了我們回家矛盾的心情，硬是從中作梗打亂行程，讓我們歷經波折經過快兩天才輾轉抵達新加坡樟宜機場。

剛下飛機踏上這個永遠名列前茅的世界最佳機場，熟悉的地毯和規劃舒適的環境讓人難得放鬆，填寫好久沒有用上的入境卡，跳上捷運綠線前往市區，看著不熟悉的捷運地圖，原來是新的藍線剛剛開通。

說到新加坡，我們總有聊不完的話題，因為曾在這裡當打工仔。

　　還在飛機上的時候，我就興奮的告訴漢克哪些是我懷念的必吃美食。先回到以前住了一年多的區域，走過再也熟悉不過的組屋一樓走廊，來到我們最喜歡的小咖啡館，點兩盤辣清炒培根義大利麵。

　　啊！走了五十幾個國家，這盤麵的味道還是世界第一名。

　　走向熟食中心（Hawker Center），許多老人在喝咖啡聊天，四面八方的Singlish既熟悉又陌生，我走到賣飲料的攤販，「一杯Kopi siew dai（少糖咖啡）」完全不用思考就從我嘴裡說出來。看著uncle熟練的泡著傳統咖啡，我享受著這股屬於新加坡的咖啡香味。

　　想想我在旅行的這一年，吹冷氣的天數大概十根手指數得出來，就算在墨西哥和埃及這些酷熱的國家，也只有晚上回到民宿才吹得到冷氣。但是同屬熱帶的新加坡，若不是特意的觀光行程，是鮮少會曬到太陽的。處處是冷得我直打哆嗦的商場、捷運、公車和地下通道，我有點想不起來以前是怎麼習慣這種「室內冬天」的。

　　約了好朋友在牛車水（中國城）一起吃晚餐，令人懷念的新加坡中國餐館，道地又好吃。選了以前常來的東北菜，和大家話家常，一年來每個人都有些改變，而我們當然被問了很多旅行的問題，「你們最喜歡哪個國家？」「哪裡的食物最好吃？」「有沒有發生危險的事情？」「最推薦我們去哪裡？」「接下來什麼打算？」這些問題想必我們回到台灣還會再被問一百次。

　　我覺得最難的還是選出最喜歡的國家，因為每個國家都有討喜和討厭的地方，若真的要選，或許是我們去了兩次的秘魯吧！

　　最喜歡新加坡的晚上，涼爽的微風很舒服，雖然看了好多次，但還是不免俗的來到地標濱海灣懷舊一下，高聳閃亮的高樓大廈、金沙酒店、天空樹，這個現代科技打造出來的優秀小國家，讓我驚覺才一眨眼的時間，我們就回到了先進的亞洲。

　　新加坡雖然是世界人口密度第二高的國家，但奇異的是這裡一點也不會讓人有擁擠的感覺，這也是我喜歡這裡的重要原因。坐在公車上，看著窗外呼嘯而過的政府組屋、公園、百貨商場，政府完善的規劃每一寸土地，才剛慶祝五十多歲生日的新加坡正在創造歷史。

　　媽媽來玩的時候說她覺得好像在穿越時空，在市中心覺得一切都好新穎，但是走到組屋區樓下的商店或是市場又有她小時候才有的柑仔店、雜貨店。

　　除了新舊交融，這裡也是種族融合的中心，難得可以看到這麼多國籍的人一起工作生活，習慣了政府傳單要翻成四種語言，捷運的廣播要講3-4種語言。住在這裡的日子，我學了點英文參雜中文、閩南話和馬來語的「新加坡文Singlish」，了解印度和回教的節慶和文化，最重要的是學會了包容和尊重。

　　新加坡是旅客的轉機站，更是我們的第二個家，途經此處，我們感受到的不是過路，而是回家。

私房旅遊攻略

哥倫比亞：波哥大

美食

1. 試試哥倫比亞我們最愛的連鎖咖啡館Juan Valdez的咖啡。
2. 有趣的當地美食Chocolate Santafereño（把鹹起司切一塊塊丟到熱巧克力裡面享用）、澱粉熱量爆表的Bandeja Paisa。
3. 很多餐廳在中午都有提供menu del dia（每日特餐），可選魚或是肉，還附牛肉湯和甜點飲料，划算又能體驗當地庶民小食。

行程

1. 必參觀黃金博物館以及免費的Botero博物館（裡面除了他自己的作品也有很多名畫）。
2. 一日團：市區建議參加walking tour（有導遊帶領你走過大街小巷解說建築歷史，不僅方便、安全且可以更深入了解一個城市，通常收費為小費制，行程結束後依喜好給導遊小費），這裡同樣有非常多公司，可參考trip advisor自行選擇。波哥大是塗鴉之城，喜歡塗鴉的不要錯過graffiti tour。

秘魯

美食

1. 馬鈴薯拼盤：阿雷基帕的Hatunpa這間著名的餐廳提供非常多種類的馬鈴薯切片作為配菜，且上餐前會幫你把你國家的小國旗插在餐點上，相當具有巧思，非常推薦。

2. Rocoto Relleno（辣紅椒鑲肉）：將秘魯辣紅椒中間挖空鑲入牛肉、豬肉及蔬菜等材料，上面鋪上一層起司及蛋霜進烤箱烤製而成。這道菜是阿雷基帕特別出名的菜，傳統上是由Picanteria所供應（Picante是西班牙文辣的意思，而Picanteria通常就是供應辣菜的餐廳）。可別看這個秘魯辣紅椒跟一般紅椒很像，它的辣度可是會讓你掉眼淚的。

3. Chupe de Camarones：阿雷基帕最遠近馳名的菜色，選用當地溪流產的小螯蝦入菜，蝦頭熬成鮮美的高湯，蝦肉則醃過後與當地香草、特製辣椒醬及南瓜一起加入蝦高湯，慢火煮製而成，是一道深具地方特色且令人印象深刻的菜餚。

4. Ceviche：這道酸醃生魚應在利馬有數不盡的好餐廳，但如果在阿雷基帕想要嘗試的話，推薦到我學做這道菜的主廚Arthur所開設的餐廳，若你對做菜有興趣，更建議直接報名他的烹飪課學習這道菜。

5. Lomo Saltado（秘魯式炒牛肉）：雖然這道菜大部分以牛肉入菜，但在安地斯山區的許多餐廳也會以羊駝（Alpaca）肉來代替喔！大街上還有市場裡的所有餐廳基本上都會供應這道菜，只是口味品質各異，若你想嘗試以羊駝肉所製作的這一道菜，建議可以到上面介紹的ARTHUR Restaurant嘗試，或者也可以跟主廚Arthur一起學做這道菜喔（跟Ceviche是在同一堂課的菜單裡）。

6. Mercado San Camilo：阿雷基帕的聖卡米羅市場裡的小店及果汁攤，位於主廣場東南邊不遠處的聖卡米羅市場，是當地人重要的生活重心，這裡不但有售賣日常所需蔬果肉類的攤販，還有許多超值的小店提供各式各樣的便宜當地小吃，最

棒的是，市場東側一整排的果汁店不但可以幫上一堂異國風情的秘魯水果體驗課，更可以DIY混合自己想要的水果果汁，而且有些店家還會提供免費續杯第二杯的超值服務喔！如果有勇氣的話，還可以試試青蛙汁喔！來到聖卡米羅市場包準可以讓你的肚皮滿載而歸！

7. 藜麥炒飯：藜麥（Quinoa）是在台灣越來越紅的超級食物，豐富的營養價值和超低卡路里讓人不得不愛。不過在秘魯這個藜麥的原產地，它可以拿來加入任何菜餚，其中最令我喜愛的就是秘魯廚師們把中式炒飯的飯以藜麥替代，吃起來更清爽無負擔，超級推薦！

8. Cuy幾內亞豬：安地斯必試名菜，通常料理方式以油炸居多，也有一些餐廳以爐烤的方式提供這道料理。我在Seledonia Kitchen學煮這道菜所以沒去餐廳吃，但在庫斯科聽說Kusikuy Restaurante是不錯的選擇。

9. Chicha：分為有輕微酒精的的Chicha de Jora及無酒精的Chicha，其中又以紫玉米煮成的Chicha Morada（無酒精）最流行，有些地方也有販售草莓口味的Chicha，非常值得一試！

10. Mercado Cascaparo Chico：庫斯科當地人買菜和吃飯的道地市場，和相隔不遠的San Pedro Market完全不一樣，推薦可以來這裡購買食材或嘗試小吃。

11. 鱷魚肉及Camu Camu果汁：如果你勇於嘗試鱷魚肉，還有各種不同的亞馬遜特有飲料，那你一定要來Ikiitu餐廳試試。Camu Camu是其中一種亞馬遜特有水果，含有比柑橘類高60倍的維他命C，也被譽為超級食物，用它打成的果汁酸酸甜甜非常好喝。

12. Juanes粽子：亞馬遜雨林版的粽子，通常用香蕉葉包裹雞肉及黃米的內餡，是路邊及小吃店常見的當地食物，剛蒸好時熱騰騰的非常可口，非常適合在外面走累時買一顆來充飢！

13. 食人魚：相信很多人來到亞馬遜雨林的主要目的就是要看到傳說中的食人魚，而如果可以自己親手釣起食人魚作為晚餐食物豈不是更酷？用油鍋油炸過的食人魚外酥內嫩，絲毫沒有腥味，我和克莉絲汀非常喜歡。可以釣食人魚的相關行程請參考文章「和食人魚的第一次親密接觸」。

秘魯亞馬遜雨林

在Iquitos周圍有許多不同的亞馬遜雨林行程，你可以選擇住在Iquitos市區參加當日往返的行程，但如果想要真正深入雨林體驗最真實的亞馬遜生活，還是推薦空出三到四天參加住宿加上活動的行程。自由森林木屋是Tripadvisor上第一名的雨林行程，它不僅提供每組客人專屬導遊，更會負責把你從Iquitos帶到木屋＋最後再回Iquitos的來回交通。而自由森林木屋最特別之處，就是它是一個社區計畫，木屋中的員工大部分是村莊中的居民，因此所有旅客的花費都會直接回饋到當地，而負責與旅客聯繫預定行程細節的先生名叫Oli，更是一個現居於比利時的志工呢！

行程

三天兩夜：一人成行430USD／
　　　　　兩人每人290USD／
　　　　　兩人以上每人270USD
四天三夜：一人成行510USD／
　　　　　兩人每人340USD／
　　　　　兩人以上每人310USD
五天四夜：一人成行590USD／
　　　　　兩人每人390USD／
　　　　　兩人以上每人350USD

行程包含雙人木屋住宿（含雙人床、蚊帳、私人浴室，因為是雨林中所以設備簡單但乾淨，請注意只有冷水澡！）、三餐、交通、及每天從早到晚的活動。活動包羅萬象，從雨林健行、社區探訪、看亞馬遜河豚、夜訪狼蛛或凱門鱷魚、釣食人魚、獨木舟，到更進階的多日雨林露營探險，都可以按照自己的喜好與導遊討論之後自由安排。

我們選擇的是三天兩夜的套裝行程，覺得很棒但有點趕，若預留時間足夠，又很喜歡大自然的話，建議參加四天三夜或五天四夜較能以悠閒的步調慢慢體驗亞馬遜雨林的美。

物品

1. 強力的頭燈及手電筒。
2. 含有DEET的防蚊液、防曬乳。
3. 長袖、長褲，要不然準備變成蚊子的食物。

交通

從利馬可以搭乘LATAM、Peruvian或Viva Air Peru抵達Iquitos，航程約兩小時左右。更多資訊請參考網站：http://www.iquitos-tour.com/

新加坡

美食

螃蟹最推薦Melben Seafood的螃蟹米粉，雞飯推薦威南記海南雞飯，叻沙必吃結霜橋叻沙，肉骨茶最推松發，其他必吃的當地小食有福建蝦麵、白蘿蔔糕、水粿、炒粿條、魚片米粉、肉挫麵等等。

2日轉機懶人包

Day 1

早上前往植物園Botanic Garden欣賞歐風花園、蘭花和大蜥蜴，中午到中峇魯市場Tiong Bahru Market在眾多好吃的當地美食中挑選自己喜歡的午餐（特別推薦楗柏水粿），吃飽再到附近有名的Tiong Bahru Bakery喝咖啡吃甜點。下午到回教區武吉士Bugis參觀清真寺，逛文青街Haji Lane，還有力氣的話走到小印度參觀印度廟，和整街的美麗金飾店。傍晚坐捷運到金沙酒店購物中心地下街吃晚餐，趁六點多天色還沒暗買票到金沙酒店頂樓欣賞市中心夜景，七點四十五以前走到後面的濱海灣花園Gardens by the Bay看天空樹燈光秀，九點回到金沙酒店門口看水舞秀，一路走到魚尾獅。最後在克拉碼頭的酒吧喝杯酒再回飯店。

Day 2

早上到牛車水吃有名的亞坤咖椰吐司本店，接著走到附近的Club Street欣賞傳統新加坡建築，中午可參觀新加坡國家博物館National Museum of Singapore或是National Gallery，下午在烏節路逛街，傍晚前往北邊的夜間動物園排隊準備入園。喜愛大自然的人可以另排行程參觀Cloud Forest、或到MacRitchie健走TreeTop路線、以及靠近Vivo City從Mount Faber Park連接Henderson Waves最後到Kent Ridge Park長達9公里的步道。

回家之後

　　剛回到台灣的那段時間，覺得恍如隔世，好像成了這個世界的旁觀者，飛在空中冷眼看著我的軀殼吃飯、走路、睡覺，做什麼都心不在焉。

　　當我第63次被親友問到「你們最喜歡哪個國家？」「如果只能選一個國家再去一次，會選哪一個？」「有沒有被偷東西？」我異想天開的跟漢克說，乾脆寫篇環遊世界100個問與答掛在身上。除了已經回答到無感，更覺得每回答一次，這段回憶就離我越來越遙遠。

　　一眨眼的時間我就回來了。

　　這一年來，我從來不覺得時間過得太慢或是太快，秒針就是走得剛剛好，從吃完早餐，帶著好奇興奮的心探索世界，一直到晚餐後寫日記、寫網誌和繼續規劃接下來的行程，我們每天都踏實的過著自己選擇的生活。住新加坡的印度朋友問我：「你難道不會無聊或空虛嗎？」我跟他說我可是忙得不得了，只要一天偷閒，就可能導致兩週後沒房間住，甚至還忙到要求漢克讓我放假呢！

　　說不出什麼偉大的心得，只覺得累積了許多不同文化的生活點滴與見聞。當我在大城小鎮聽著當地導遊用各種英語口音介紹自己的歷史故事時，除了懊惱沒多背一些歷史相關的單字，更察覺到我們學生時期讀的都只是強權國家的歷史。從小到大沒接觸過三大宗教之一的伊斯蘭教，沒想到竟是耶路撒冷教我認識祂的來源、從伊朗人身上見證祂的教義、在約旦體驗齋戒月的意義。

　　老實説一開始確實很期待旅行回來的自己會有很大的轉變，不僅找到人生的方向，還因為在某國的奇遇而在異鄉展開全新的生活。結果完全相反。我們又來到新加坡，我甚至還重回同一間公司。

　　好像又走回原點。

　　旅程結束後，一個女性朋友説要去亞馬遜雨林，我們跟她推薦了當時很喜歡的生態小木屋，是當地人親手蓋的，附衛浴的雙人床不但乾淨，而且到處都是蚊帳，只差沒有熱水，簡直是荒野中的豪宅。過一陣子傳訊息問朋友是否玩得愉快，她回應說都滿好玩的，只是住宿環境不太好，很想念先進的城市。

　　我忽然驚覺一年前的我，根本不可能把那裡形容成舒適又乾淨。我也沒想過有一天我會想重讀世界歷史、甚至引起對可蘭經的興趣。對於埃及、智利、馬拉威這些過去陌生的國家發生的新聞如今不再無感。

　　原來我並沒有回到原點，還擴大了原本的舒適圈，我能在更多的地方感到自在，不再大驚小怪、擔心受怕，這是長期旅行給我的人生禮物。

　　不同於工作中的小假期，長時間流浪讓我們抽離了原本的生活圈，撥出人生的一段時間，重新建立一段新的日常：不斷移動的規律行程、與各地的過客深刻卻不留聯絡方式的相遇、和伴侶24小時相處的極限挑戰。我們專心一致的用了一年，欣賞這個世界。

　　腦海中突然浮現了在阿根廷門多薩民宿打工的法國人，他曾經閉上眼睛在地圖上隨意一指，指到馬來西亞一個鳥不生蛋的小村，結果費盡千辛萬苦到那裡才發現，這個地方沒有給觀光客住的民宿。再想到葡萄牙里斯本那位經營簡陋民宿的尼泊爾男孩，那種說做就做的勇氣。人生的可能性真的是無極限，所有的界線都是自己畫出來的。

　　或許我們對於旅行的期待和心動不如從前，但是我們不會停止旅行，因為它總是帶來驚喜，不論是否與你所期待的相同。

釀旅人42　PE0148

 白日夢旅行趣：
環遊世界35國的奇蹟旅程

作　　者	漢克、克莉絲汀
責任編輯	杜國維
圖文排版	莊皓云
封面設計	蔡瑋筠

出版策劃	釀出版
製作發行	秀威資訊科技股份有限公司
	114 台北市內湖區瑞光路76巷65號1樓
	電話：+886-2-2796-3638　傳真：+886-2-2796-1377
	服務信箱：service@showwe.com.tw
	http://www.showwe.com.tw
郵政劃撥	19563868　戶名：秀威資訊科技股份有限公司
展售門市	國家書店【松江門市】
	104 台北市中山區松江路209號1樓
	電話：+886-2-2518-0207　傳真：+886-2-2518-0778
網路訂購	秀威網路書店：https://store.showwe.tw
	國家網路書店：https://www.govbooks.com.tw
法律顧問	毛國樑　律師
總 經 銷	聯合發行股份有限公司
	231新北市新店區寶橋路235巷6弄6號4F
	電話：+886-2-2917-8022　傳真：+886-2-2915-6275

出版日期	2019年11月　BOD一版
定　　價	440元

國家圖書館出版品預行編目

白日夢旅行趣：環遊世界35國的奇蹟旅程 / 漢
克, 克莉絲汀著. -- 一版. -- 臺北市：釀出
版, 2019.11
　　面；　公分. -- (釀旅人；42)
　BOD版
　ISBN 978-986-445-360-3(平裝)

1. 遊記 2. 世界地理

719   108016978

讀 者 回 函 卡

感謝您購買本書，為提升服務品質，請填妥以下資料，將讀者回函卡直接寄回或傳真本公司，收到您的寶貴意見後，我們會收藏記錄及檢討，謝謝！
如您需要了解本公司最新出版書目、購書優惠或企劃活動，歡迎您上網查詢或下載相關資料：http:// www.showwe.com.tw

您購買的書名：_____

出生日期：_____年_____月_____日

學歷：□高中 (含) 以下　　□大專　　□研究所 (含) 以上

職業：□製造業　□金融業　□資訊業　□軍警　□傳播業　□自由業
　　　□服務業　□公務員　□教職　　□學生　□家管　　□其它_____

購書地點：□網路書店　□實體書店　□書展　□郵購　□贈閱　□其他

您從何得知本書的消息？

　□網路書店　□實體書店　□網路搜尋　□電子報　□書訊　□雜誌
　□傳播媒體　□親友推薦　□網站推薦　□部落格　□其他_____

您對本書的評價：(請填代號　1.非常滿意　2.滿意　3.尚可　4.再改進)

　封面設計____　版面編排____　內容____　文／譯筆____　價格____

讀完書後您覺得：

　□很有收穫　□有收穫　□收穫不多　□沒收穫

對我們的建議：_____

_____

_____

_____

11466
台北市內湖區瑞光路 76 巷 65 號 1 樓

秀威資訊科技股份有限公司 　　　收

BOD 數位出版事業部

....

（請沿線對折寄回，謝謝！）

姓　　名：_____　年齡：_____　性別：□女　□男

郵遞區號：□□□□□

地　　址：_____

聯絡電話：(日)_____ (夜)_____

E-mail：_____